Hans Michael Engelke

Biker Betten
Motorrad Reisebuch

# SCHOTTLAND

## auf dem Motorrad entdecken

WWW.ENGELKE.TV

**Hans Michael und** Angelika Engelke sind begeisterte Motorradjournalisten und Fotografen.

Schottland – schon beim Erwähnen des Namens haben wir sofort Bilder im Kopf: Einsame Single Track Roads durch die Highlands, bildschöne Küstenstraßen entlang der zerklüfteten und felsigen Küste, abenteuerliche Fährfahrten über tiefschwarze, unergründliche Lochs, skurrile Ruinen ehemals mächtiger Burgen und Festungen und stimmungsvolle Abende in gemütlichen Pubs bei Whisky und Ale. Seit knapp drei Jahrzehnten fahren Kiki und ich schon nach Schottland. In dieser Zeit hat sich dort vieles verändert, aber das ursprüngliche Schottland, dessen Bilder wir so schnell im Kopf haben, das gibt es noch heute und es begegnet uns dort überall.

Ob ganz oben im Norden in der alten Grafschaft Sutherland mit ihren kaum bewohnten Landstrichen, ob auf der kargen Halbinsel Applecross mit ihrer herausfordernden und steilen Passstraße oder auf den so abwechslungsreichen wie schönen Inseln Skye oder Mull – überall finden sich im nördlichen Landesteil des Vereinigten Königreiches fantastische Motorradstrecken auf denen sich grandiose Landschaften entdecken lassen. Und das Erstaunliche dabei: Schottland liegt nur eine Nacht mit der Fähre entfernt.

Denn wer im niederländischen Ijmuiden ganz in der Nähe von Amsterdam an Bord einer der täglich ablegenden Fähren geht, findet sich nach einer erholsamen Nacht am nächsten Morgen schon ganz in der Nähe der schottischen Grenze wieder – erholsamer geht es nicht.

## Wetter mit eigenem Reiz

Nicht weniger erstaunlich ist Schottlands Wetter. Oft ist es viel besser, als ihm nachgesagt wird. Der warme Golfstrom sorgt für relativ mildes Klima und wenn es mal stürmt und regnet, reicht uns oft ein Kaffee im Pub, um anschließend wieder im Trockenen unterwegs zu sein. Und ganz ehrlich, eine Fahrt durch Nebelfetzen und Regenschauer, die vom Wind durch eine herbe und schroffe Küstenlandschaft getrieben werden, hat ihren ganz besonderen Reiz und Charme – gute und dichte Motorradkleidung vorausgesetzt.

Bei den Touren in diesem Buch haben wir uns bemüht, einen bunten Mix dessen zusammenzustellen, was Schottland so alles bietet. Natürlich ist das Land groß und es gibt noch viele weitere interessante Strecken und Runden. Aber auf den zehn vorgestellten Routen, die sich gut zu einer großen Rundreise kombinieren lassen, sollte auf jeden Fall für jeden etwas dabei sein. Alle Etappen sind mit jedem Motorrad machbar. Ob großvolumiger Tourer, leichtes Naked Bike oder agiler Sporttourer, Schottland lässt sich mit jedem motorisierten Zweirad erkunden und der Fahrspaß ist garantiert.

Atemberaubende Strecken und unvergessliche Landstriche sind die Zutaten für einen gelungenen Motorradurlaub in Schottland, darüber hinaus bietet das Land dem reisenden Entdecker aber noch viel mehr. Feuchtfröhliche Abende im Pub bei leckerem Ale und Livemusik, einladende Tea Rooms direkt an der Strecke oder die gastfreundlichen Unterkünfte wie Bed & Breakfast oder Guesthouses bieten viele Möglichkeiten, Land und Leute kennenzulernen. Wir haben mit den Schotten einen freundlichen und kommunikativen Menschenschlag kennengelernt, der uns das Land so besonders sympathisch macht.

## Viel Neues zu entdecken

Kiki und ich würden uns sehr freuen, wenn wir es mit diesem Schottland-Buch schaffen, dem einen oder anderen Motorradfahrer Appetit auf dieses schöne Land zu machen. Und wenn wir dann mit unseren Tipps und Vorschlägen zu einem guten Gelingen einer ganz besonderen Tour beitragen können, wäre das einfach perfekt. Wir sind überzeugt, dass es den meisten Schottland-Fahrern so geht wie uns. Einmal dort gewesen, ist man auf den Geschmack gekommen und wird auch ein zweites und ein drittes mal dorthin aufbrechen. Und versprochen: Egal, wie oft man nach Schottland fährt, es gibt stets Neues zu entdecken. Selbst mit 30 Jahren Schottland-Erfahrung haben Kiki und ich noch längst nicht alles gesehen.

## Hilfreiche Tipps?

Umso mehr freuen wir uns auf ein Feedback. Wie hat euch Schottland gefallen? Was hat euch besonders begeistert? Waren unsere Tipps und Vorschläge hilfreich? Unsere Leser sind herzlich eingeladen, einen Blick auf unsere Internetseite www.engelke.tv zu werfen. Dort erfahrt Ihr auch, ob und wo wir gerade unterwegs sind. Vielleicht treffen wir uns dann ja mal irgendwo auf der Tour, vielleicht sogar auf den Single Track Roads Schottlands – es würde uns freuen!

Bis dahin, wir wünschen eine gute Reise und ganz viel Spaß in Schottland,

*Hans Michael und Angelika Engelke*

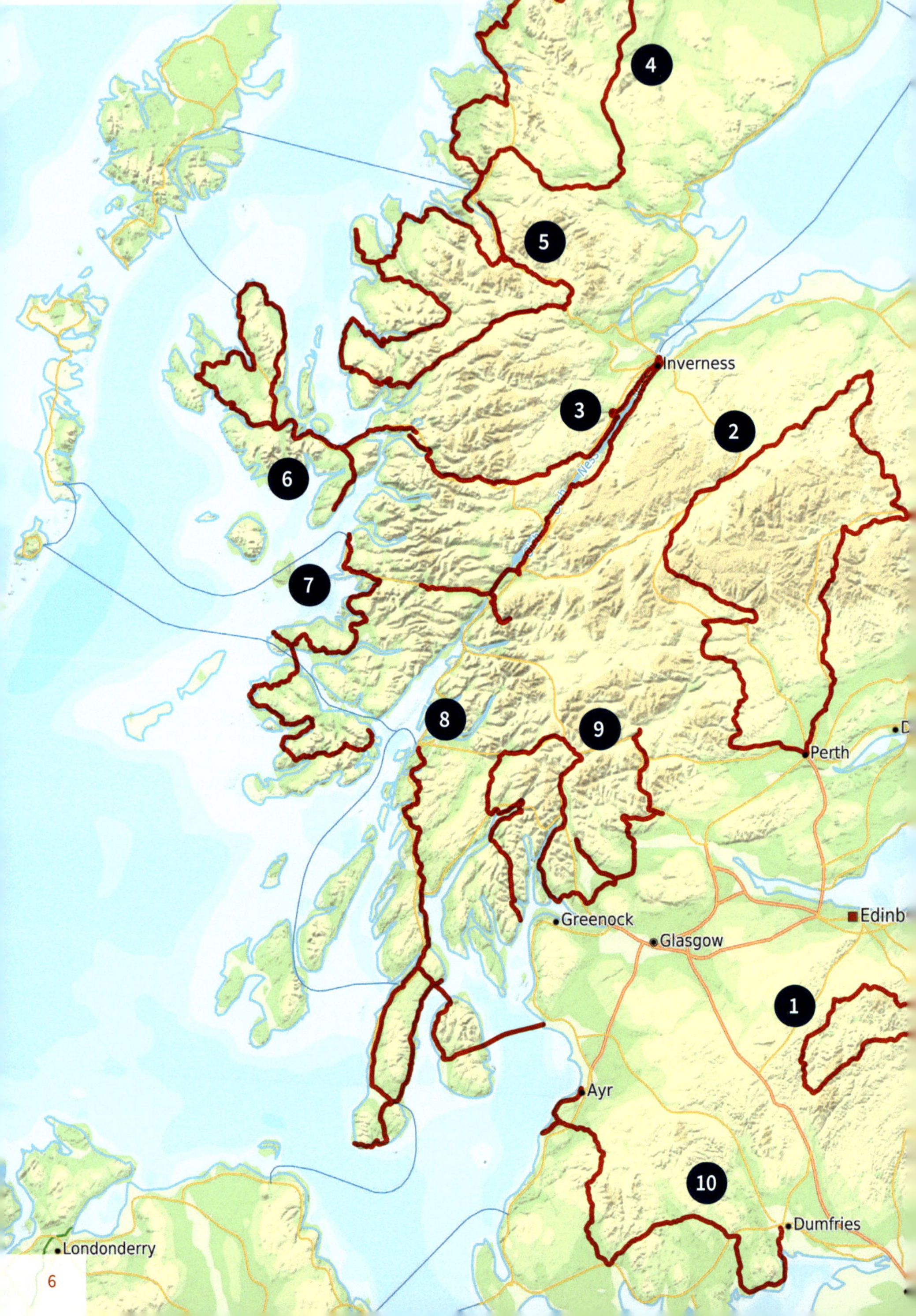
4
5
Inverness
3
2
6
7
8
9
Perth
Greenock
Glasgow
1
Ayr
10
Dumfries
Londonderry

1 IN DEN SOUTHERN UPLANDS

2 GRAMPIAN MOUNTAINS

3 LOCH NESS UND DIE GLENS

4 SUTHERLAND

5 WESTER ROSS

6 ISLE OF SKYE

7 ISLE OF MULL UND ARDNAMURCHAN

8 KINTYRE

9 LOCH LOMOND

10 DUMFRIES AND GALLOWAY

# An der Enard Bay

Die verwinkelte Küstenstraße entlang der Enard Bay südlich von Lochinver gehört für uns zu den schönsten und urigsten Strecken Schottlands – ein Muss.

GPS 58.125375, -5.264622

# Im Quiraing

Ganz im Norden der Isle of Skye liegt das bildschöne Quiraing-Massiv. Die Single Track Road mitten hindurch ist eine echte Traumstraße.

GPS 57.628348, -6.289848

SCOTT
PS
H 353

# Isle **of Mull**

Die Isle of Mull gehört zu unseren Lieblingszielen in Schottland. Die aussichtsreiche B 8035 entlang des Loch Na Keal ist wie von einer anderen Welt.

GPS 56.447922, -6.074895

# Mull of **Kintyre**

Die legendäre Klippe gleich gegenüber der irischen Insel inspirierte schon Paul McCartney zu seinem gleichnamigen Millionen-Hit. Die grandiose Strecke dorthin bleibt garantiert für immer im Gedächtnis.

GPS 55.308750, -5.786519

# Im **Glen Shiel**

Die A 87 durch das geschichtsträchtige Glen Shiel begeistert uns immer wieder. Hier kommen Fahrspaß und grandiose Natur zusammen.

GPS 57.165409, -5.276966

**Inklusive seiner Inseln** bietet Schottland rund 10 000 Kilometer spannender Küstenlinie.

# Im hohen Norden

Schottland ist Faszination und Mythos zugleich. Das raue und gastfreundliche Land lädt zu unvergesslichen Motorradreisen.

Schottland ist kein souveräner Staat, sondern ein Landesteil, der gemeinsam mit England, Wales und Nordirland das Vereinigte Königreich Großbritannien und Nordirland bildet und im oberen Drittel der Insel Großbritannien liegt. Zusätzlich gehören zu Schottland noch einige Inselgruppen.

Schottland besitzt seit 1999 ein eigenes Parlament, das weitgehende Autonomierechte besitzt, jedoch kein eigenes Staatsoberhaupt. Diese Funktion bekleidet Königin Elisabeth II. Das Parlament des Vereinigten Königreiches kann Beschlüsse des schottischen Parlaments überstimmen. Es gibt in Schottland starke Tendenzen, sich vom Vereinigten Königreich loszusagen. Bei einer Volksabstimmung im September 2014 votierte jedoch eine knappe Mehrheit dafür, im Vereinigten Königreich zu verbleiben. Nach dem britischen Referendum zum Austritt aus der EU werden Forderungen laut, erneut eine Volksabstimmung zur Auflösung der Union mit Großbritannien durchzuführen. Eine breite Mehrheit der schottischen Bürger ist für einen Verbleib von Schottland in der Europäischen Union.

Die Fläche Schottland beträgt etwas mehr als ein Fünftel der Fläche Deutschlands. Die Zahl der Einwohner ist etwa ein Fünfzehntel der Einwohnerzahl Deutschlands.

Geografisch ist Schottland etwa dreigeteilt. Das untere Drittel, die Southern Uplands, teilt sich im Süden eine knapp 100 Kilometer lange Grenze mit England. Getrennt durch den sogenannten Central Belt, das Flachland zwischen Dundee und Glasgow, liegen nördlich davon die Central Lowlands, das Herz Schottlands. Sie sind am dichtesten besiedelt. Das nördliche Drittel Schottlands sind die Northwest Highlands oder auch nur Highlands. Sie sind geografisch durch das Great Glen, dass auch das bekannte Loch Ness beinhaltet, von den Central Lowlands getrennt.

Als größte Inselgruppen gehören zudem die an die Nordküste anschließenden Orkneyinseln sowie die noch weiter nördlich liegenden Shetlandinseln zu Schottland. Im Nordwesten liegt die Inselgruppe der Hebriden, die sich in die Inneren und die Äußeren Hebriden aufteilt.

Der höchste Berg Schottlands ist der 1345 Meter hohe Ben Nevis, der am Nordrand der Central Lowlands liegt. Seit dem 15. Jahrhundert ist Edinburgh die Hauptstadt Schottlands, vorher war es das etwas nördlich davon liegende Perth. Edinburgh hat etwa eine halbe Million Einwohner und ist damit die zweitgrößte schottische Stadt nach Glasgow, das rund 100 000 Einwohner mehr besitzt. Edinburgh ist auch Sitz des schottischen Parlaments.

Offiziell gibt es in Schottland drei Sprachen. Neben dem von fast allen Schotten gesprochenen Englisch gibt es noch Scots, also Schottisch, und Gaelic, die schottisch-gälische Sprache. Etwa ein Drittel der Schotten können auch Schottisch sprechen, das vom schottischen Parlament auch als zweite Amtssprache zugelassen ist. Gälisch wird dagegen lediglich von etwa einem Prozent der Bevölkerung gesprochen. Es ist eine Sprache keltischen Ursprungs, die stark mit dem Irischen verwandt ist. Eine gälisch sprechen-

**Natur pur und** dazu traumhafte Routen – das ist Schottland.

de Mehrheit findet sich auf den Äußeren Hebriden, mit Englisch kommt man dort jedoch auch immer weiter. Grundsätzlich ist die Verständigung in englischer Sprache in Schottland natürlich kein Problem, bisweilen ist es jedoch nicht ganz einfach, den örtlichen Dialekt auch während des Gesprächs zu verstehen.

In Schottland wird wie im gesamten Vereinigten Königreich in Pfund Sterling bezahlt, Euro werden üblicherweise nicht akzeptiert. Dennoch gibt es bei der schottischen Währung eine Besonderheit. Die drei größten schottischen Banken, die Bank of Scotland, die Royal Bank of Scotland und die Clydesdale Bank dürfen ihre eigenen Banknoten drucken und herausgeben. Da zudem die Scheine der Bank of England im Umlauf sind, gibt es insgesamt vier verschiedene Geldscheine zu jedem Nennwert. Kein Problem innerhalb Schottlands, im Rest des Königreichs werden die schottischen Scheine jedoch nicht immer akzeptiert. Sie lassen sich aber bei allen Banken meist gebührenfrei umtauschen.

## MOTORRADFAHREN IN SCHOTTLAND

Wer noch nie mit dem eigenen Fahrzeug im Vereinigten Königreich unterwegs war, sieht der ersten Tour meist mit etwas gemischten Gefühlen entgegen. Der Grund ist durchaus einleuchtend: Großbritannien gehört zu den 59 Staaten der Erde, in denen Linksverkehr gilt. Rechts wird übrigens in 162 Staaten gefahren.

In der Regel stellt man jedoch fest, dass alles halb so schlimm ist, solange man nur daran denkt. Die Regel „Rechts vor Links“ gilt in Großbritannien natürlich nicht, das ist aber auch

**Die großen Fähren** pendeln täglich zwischen Festland und Schottland.

kein Problem, da in der Regel alle Kreuzungen ausgeschildert sind.

Etwas gewöhnungsbedürftig sind die zahlreichen Kreisverkehre, in die man nach links einbiegt. Mit ein wenig Übung gelingt aber auch das problemlos. Geblinkt wird im Kreisverkehr wie in Deutschland: Wer raus will, muss unmittelbar davor blinken. Wirklich gefährlich sind auf Dauer eigentlich nur zwei Situationen während einer Reise durch Schottland, die der Autor dieses Buches auch aus eigener Erfahrung kennt.

Da wären als erstes der Spaziergang und das Bummeln in der Stadt. Konditioniert ist der Festland-Europäer darauf, beim Überqueren der Fahrbahn zuerst nach links zu schauen und schon mal loszulaufen. Ganz schlecht, wenn im Linksverkehr das erste Auto von rechts kommt. Zweite Gefahrenquelle: einsame Landstraßen. Das klingt merkwürdig, ist aber so. Noch beeindruckt von der tollen Landschaft fuhren wir vom Seeufer am Ende der Welt los, weit und breit kein Auto. Dass etwas nicht stimmt, merkten wir erst, als uns ein wild blinkender Lieferwagen entgegenkam. Mein erster Gedanke war: Wieso fährt der links? Dagegen hilft übrigens zuverlässig ein auffälliger „Links fahren!"-Aufkleber auf den Armaturen.

Single Track Roads sind weit verbreitet in Schottland. Die nur einspurigen Straßen verfügen über regelmäßige Passing Places, die meist mit einem

**Schottland ist ein** Motorradfahrerland!

rautenförmigen Schild gekennzeichnet sind. Hier wird ausgewichen, damit der Gegenverkehr passieren kann. Das klappt meistens sehr gut, schottische Autofahrer sind diesbezüglich meist sehr rücksichtsvoll. Zudem ist man in der Pflicht, ein schnelleres Auto an den Passing Places überholen zu lassen. Dies ist kein freundliches Wohlwollen, sondern Pflicht. Das Parken ist auf den Passing Places grundsätzlich verboten.

Ernst nehmen sollte man den ausgeschilderten Hinweis „blind summit". Dann kommt voraus eine nicht überschaubare Kuppe, hinter der ziemlich plötzlich ein Fahrzeug im Gegenverkehr auftauchen kann. Dasselbe gilt für „hidden dip". Das ist zwar eigentlich eine Senke, die kommt aber auch oft nach besagter Kuppe.

Schottische Geschwindigkeitsbeschränkungen sind wie auch Entfernungsangaben in Meilen pro Stunde (mph) ausgeschildert. In Ortschaften sind grundsätzlich für Motorräder 30 mph erlaubt, das entspricht 48 km/h. Außerhalb darf man auf einspurigen (pro Richtung) Straßen, den sogenannten single carriage ways 60 mph fahren, was 96 km/h entspricht. Auf dual carriage ways, also auf zweispurigen (pro Richtung) Strecken sind 70 mph beziehungsweise 112 km/h gestattet. Letzteres gilt auch für motorways, also für Autobahnen. Achtung! Schottische Bußgelder sind deutlich höher als deutsche und ein deutliches Verkehrsvergehen kann ein kerniges Loch in die Urlaubskasse reißen.

Noch ein Wort zum größten Risiko im schottischen Verkehr: den Schafen. Normalerweise lassen sich die wolligen Vierbeiner von vorbeifahrenden Autos gar nicht aus der Ruhe bringen und grasen in stoischer Ruhe auf ihrer Wiese oder eben am Fahrbahnrand. Unserer Erfahrung nach ist das aber bei Motorradfahrern eine andere Sache. Manche Schafe geraten ob motorisierter Zweiradfahrer in Panik, vor allem wenn sie ihren Nachwuchs dabei haben, und starten kopflos durch. Das kann dann auch schon mal auf die Fahrbahn gehen. Unser Ratschlag daher: Immer darauf vorbereitet sein, dass die Tierchen nicht nachdenken und lieber einmal zu viel bremsen, als einmal zu wenig. Sonst kann der Urlaub urplötzlich und schmerzhaft zu Ende sein.

**Die Flagge Schottlands:** ein weißes Andreaskreuz auf blauem Grund.

## ORKNEY UND SHETLAND

Nur etwa zehn Kilometer nördlich von Schottlands äußerster Nordspitze liegen die Orkney-Inseln genau zwischen der Nordsee und dem Atlantik. Von den insgesamt rund 70 Inseln sind nur 17 dauerhaft bewohnt. Vor allem die steilen Felsküsten auf der Atlantikseite der kargen und meist baumlosen Inseln sind ein Paradies für Seevögel. Seehunde und Otter fühlen sich in den Küstengewässern ebenfalls sehr wohl.

Auf die Hauptinsel Mainland gibt es zwei Fährlinien vom Festland, die Fähren legen in den beiden größten Orten der Orkney-Inseln an, in Kirkwall und Stromness. Im Sommer fahren die Fähren täglich mehrmals, außerhalb der Saison bisweilen nur dreimal in der Woche. Die einzelnen Inseln sind zum Teil untereinander durch kleinere Fähren verbunden. Da die Schiffe in der Saison schnell ausgebucht sind, empfiehlt es sich, vorher zu reservieren. Am einfachsten geht das am Tag zuvor persönlich in Scrabster oder Stromness. Natürlich lassen sich die Fähren auch via Internet buchen. Alle Infos dazu sowie Tipps, Vorschläge für Ausflüge,

Terminkalender und vieles mehr findet sich unter www.visitorkney.com.

Im Dreieck zwischen den Färöer-Inseln, Norwegen und Schottland liegen weit draußen im Atlantik, etwa 175 Kilometer vom schottischen Festland entfernt, die Shetland-Inseln. Dessen 22 000 Einwohner leben hauptsächlich von Fischerei und Wolle. Das Seevogel-Paradies der Shetland-Inseln erinnert mit seinen fjordartigen Buchten mehr an Norwegen als an Schottland. Auch der Dialekt der Einwohner hat mehr mit der norwegischen als mit der englischen Sprache gemein. Lerwick ist das Zentrum der Inseln, das Städtchen mit seinen knapp 7 000 Einwohnern hat erstaunlich viel zu bieten.

Die Shetland-Inseln werden sowohl von Aberdeen aus als auch von den Orkney-Inseln aus angefahren. Ab Aberdeen fährt die Fähre über Nacht, die Fahrt von den Orkney-Inseln dauert in der Regel acht Stunden. Auch hier gibt es ausführliche Infos zu allen Themen im Netz. Zu finden sind sie unter www.visitshetland.com.

## KULINARISCHES

Ob wirklich jemand des Essens wegen nach Schottland reist, wagen wir zu bestreiten. Aber ganz so schlecht wie oft behauptet, erscheint uns die britische Küche gar nicht. Und ein klein wenig anders als im restlichen Königreich ist es diesbezüglich in Schottland sowieso. Unser Dauerbrenner, den wir in Schottland lieben, sind die berühmten Fish & Chips. Ein paar Infos dazu haben wir in einem separaten Textkasten in Tour 4 notiert. Ebenfalls heiß geliebt: das schottische Frühstück! Niemand kann ernsthaft behaupten, dass ihn das traditionelle Breakfast nicht satt macht. Porridge, also Haferbrei, als Vorspeise zum Frühstück, dann geht es los. Gebratene Würstchen oder den berühmten Black Pudding, eine Art Blutwurst sowie Speck, Spiegeleier, Tomaten, Pilze, eventuell ein paar Baked Beans und Bratkartoffeln, Toast mit Butter und Konfitüre, dazu Orangensaft und Kaffee oder natürlich Tee, den gerne auch mit Milch.

**Reisende hungern hier** garantiert nicht.

Das sollte in der Regel etwas vorhalten, wodurch das Mittagessen etwas spärlicher ausfallen kann, was übrigens nach der Mittagspause auch der Konzentration auf dem Motorrad zugutekommt. Gerne gibt es zum mittäglichen Lunch ein leckeres Sandwich mit regionalem Käse und Salat oder eine der schottischen Fischsup-

**Schottischer Lachs: eines** unserer Lieblingsgerichte.

pen, wie zum Beispiel das köstliche Cullen Skink, eine dicke Suppe aus geräuchertem Schellfisch, Kartoffeln und Zwiebeln.

Am günstigsten und meist recht lecker sind zudem die sogenannten Barmeals, zu bekommen in vielen Pubs. Dabei handelt es sich oft um deftige Hausmannskost, die satt macht und schmeckt. Übrigens, gar nicht so schlecht sind viele sogenannte Take Aways. Das können besagte Fish & Chips sein, aber auch leckere indische oder chinesische Gerichte, einfach mal probieren.

Am späteren Abend wird dann getafelt. Was natürlich nicht fehlen darf, sind Fisch, Hummer und Schalentiere. Frisch gefangener Heilbutt oder Lachs, in Rauch gegart, ist ein kulinarischer Traum. Sehr lecker ist auch, was die schottische Landschaft so hergibt: Rebhuhn, Hirsch und anderes Wild ist genauso schmackhaft wie das schottische Rind- oder Schafsfleisch, schottische Steaks sind üblicherweise ein Gedicht. Eine echte Spezialität des Landes ist das Moorhuhn.

Was natürlich auf gar keiner Schottlandreise fehlen darf, ist das Nationalgericht, der Haggis. Zwar ist das Gericht nichts für schwache Nerven, aber man sollte es einfach mal vorurteilsfrei probieren. Für Haggis werden die Innereien des Schafes, meist Herz, Leber und Lunge mit Nierenfett, Zwiebeln und Hafermehl in den Schafsmagen gefüllt und mit Pfeffer und anderen Gewürzen kräftig abgeschmeckt. Anschießend wird er rund drei bis vier Stunden gekocht und dann meist mit Kartoffeln und gestampften weißen Rüben serviert. Haggis schmeckt überraschend gut und bisweilen wird er sogar mit einer sehr leckeren Whiskysoße serviert.

Auch für Süßes sind die Schotten empfänglich. Scones, Crumpets und Shortbread finden sich häufig in den Auslagen und werden gerne zur Tee-Time konsumiert. Die leckeren Scones schmecken Kiki und mir eigentlich zu jeder Tages- und Nachtzeit. Das ist wahrscheinlich einer der Gründe, warum wir bei fast jeder Schottlandtour ein wenig zunehmen.

Traditionell werden für die Scones Mehl, Backpulver, Salz, Zucker, Milch und saure Sahne sowie meist Rosinen verknetet und wie Brötchen im Backofen gebacken. Crumpets sind schottische Pfannkuchen aus Mehl, Salz,

Hefe und Milch, die mit Butter und Marmelade genossen werden. Sehr lecker auch mit Honig. Aller guten Dinge sind bekanntlich drei, es fehlt noch das Shortbread – das traditionellste Gebäck Schottlands. Die Zubereitung ist einfach: Butter, Zucker, Salz werden schaumig gerührt, dazu kommt Mehl, etwas stehen lassen und dann ab in den Backofen. In Streifen geschnitten und mit Zucker bestreut ergibt das die leckeren Shortbread Fingers. Ja, sie können durchaus schlemmen, die Schotten.

Was wäre Schottland ohne Whisky? Seit vielen hundert Jahren wird in Schottland das „Wasser des Lebens" gebrannt. Abgeleitet ist der Begriff vom gälischen „Uisce Beatha", was übersetzt so viel wie „Lebenswasser" bedeutet. Schottlands Anteil an der Weltproduktion des köstlichen Nass beträgt rund 40 Prozent, damit sind die Schotten als Nation führend. Whisky zu brennen ist definitiv eine Wissenschaft für sich, welche hier zu beschreiben den Rahmen sprengen würde. Wer es genau und in allen Einzelheiten wissen will, dem sei die Internetseite **www.whisky.de** empfohlen.

Wer schottischen Whisky mit allen Sinnen erleben möchte, sollte eine der unzähligen schottischen Destillerien aufsuchen, die mit Besucherzentren und spannenden Führungen glänzen. Uns hat zum Beispiel die Ben Nevis Distillery in Fort William gut gefallen. Seit 180 Jahren wird dort gebrannt und bei der „Tasting Tour" gibt es zudem drei verschiedene Whiskys zum Probieren. Alle Infos dazu finden sich unter **www.bennevisdistillery.com**. ◂

**Schottland ohne Whisky** ist einfach unvorstellbar.

For
¼ mile

# Pure **Grenzerfahrung**

Die Southern Uplands in Schottlands Süden führen ganz zu Unrecht ein Dasein als Mauerblümchen. Eine Tour durch die Grenzregion nach England überrascht durch Vielfalt, pure Idylle und eine tolle Landschaft. Dass es sich hier zudem fantastisch Motorradfahren lässt, macht die Sache perfekt.

**Unterwegs in den** Tweedsmuir Hills.

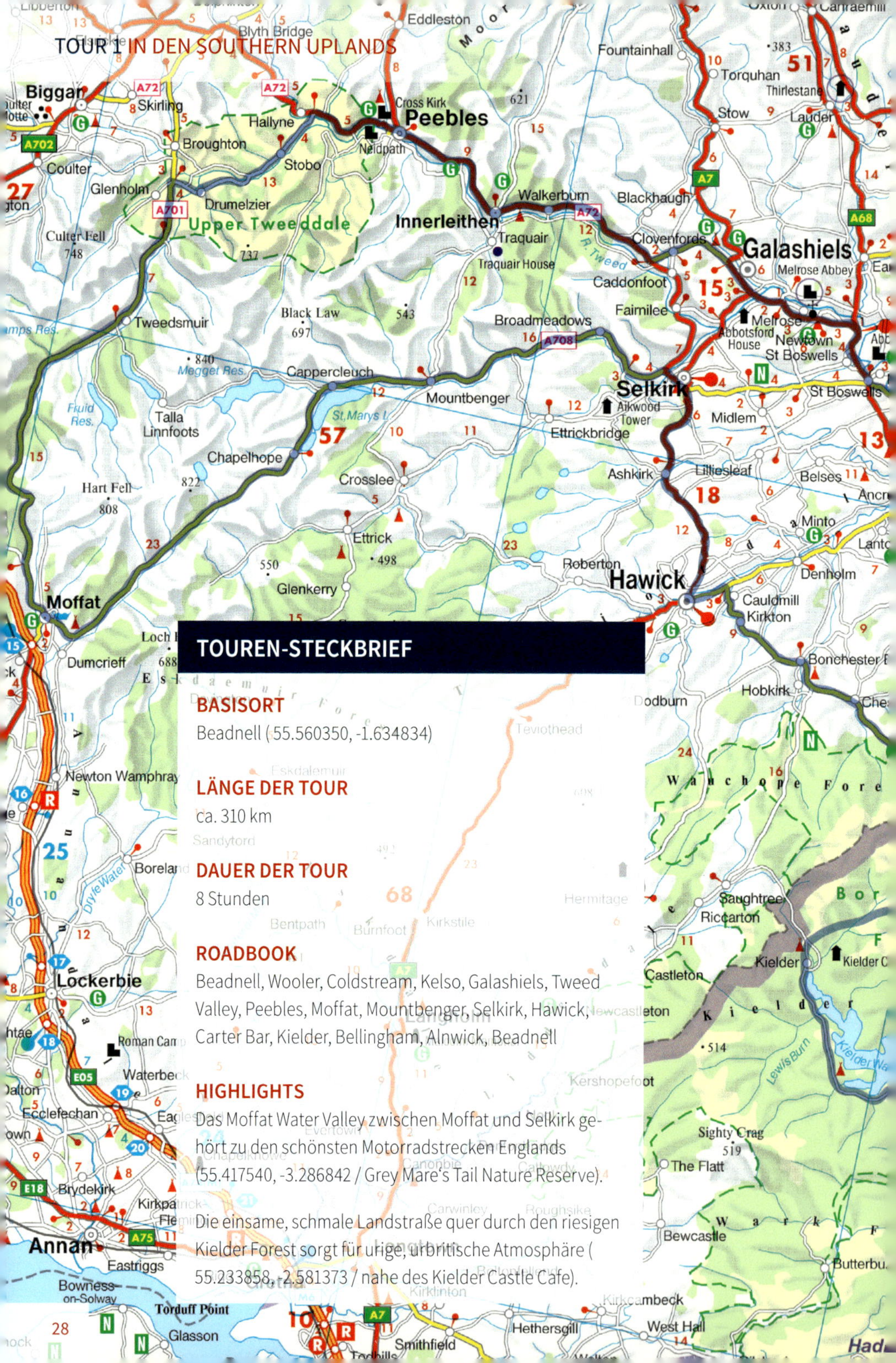


## TOUREN-STECKBRIEF

### BASISORT

Beadnell (55.560350, -1.634834)

### LÄNGE DER TOUR

ca. 310 km

### DAUER DER TOUR

8 Stunden

### ROADBOOK

Beadnell, Wooler, Coldstream, Kelso, Galashiels, Tweed Valley, Peebles, Moffat, Mountbenger, Selkirk, Hawick, Carter Bar, Kielder, Bellingham, Alnwick, Beadnell

### HIGHLIGHTS

Das Moffat Water Valley zwischen Moffat und Selkirk gehört zu den schönsten Motorradstrecken Englands (55.417540, -3.286842 / Grey Mare's Tail Nature Reserve).

Die einsame, schmale Landstraße quer durch den riesigen Kielder Forest sorgt für urige, urbritische Atmosphäre (55.233858, -2.581373 / nahe des Kielder Castle Cafe).

Longformacus
Preston
Burnmouth
Ayton
A1
Arch
Chirnside
Duns
Gavinton
Allanton
Foulden
Westruther
Houndslow
Polwarth
Nisbet Hill
Paxton
Berwick-
upon-Tweed
Whitsome
A697
Greenlaw
Swinton
Tweedmouth
Norham
Scremerston
Gordon
Leitholm
Thornton
Hume
R. Tweed
A698
Eccles
Felkington
Stichill
Ancroft
Goswick
Birgham
Coldstream
R. Till
Duddo
Bowsden
Haggerston
Beal
Holy Island
Etal
Sprouston
Floors
Kelso
Branxton
Lowick
Fenwick
Lindisfarne
Priory
Ford
Heiton
Mindrum
Fenton
St. Cuthbert's Cave
Pawston
Milfield
Belford
Doddington
Bamburgh
Eckford
Lanton
Fort
Akeld
Crailing
Town Yetholm
Wooler
Bellshill
Seahouses
Morebattle
Lucker
North Sunderland
Middleton Hall
Chatton
Adderstone
Chillingham
Beadnell
Oxnam
Fort
Hownam
The Cheviot
Swinhoe
Chatto
Langleeford
Hepburn
Preston
Tower
Old Bewick
Newton-
by-the-Sea
Falloden
Windy Gyle
Cheviot Hills
North
Charlton
Embleton
Wooperton
A697
Eglingham
Craster
Rennington
Northumberland
Powburn
Prendwick
Barrow Burn
Roman Camp
Howick
Whittingham
Bolton
Denwick
National
Alnham
Longhoughton
Ramshope
Roman Camp
Alwinton
Alnwick
Thrunton
Lesbury
Netherton
Park
Lorbottle
Alnmouth
Sharperton
Edlingham
Shilbottle
Roman Camp
Arbela
Rochester
Newton-
on-the-Moor
E15
Warkworth
Hepple
Rothbury
Cragside
House
Rothbury Forest
Swarland
A68
Swindon
Amble
Longframlington
Broomhill
Hauxley
Otterburn
Forestburn
Gate
Brinkburn
West
Thirston
Red Row
Elsdon
Harwood
Gatehouse
Raylees
Forest
Longhorsley
Widdrington
West-
Woodburn
A696
Harwood
A1
Habitancum
East-
Netherwitton
A1068
Cresswell
Ridsdale
A697
Bellingham
Longwitton
Ulgham
Cambo
Lynemouth
Kirkwhelpington
Hartburn
Mitford
Morpeth
Ashington
Meldon
Newbiggin
by-the-Sea
Wark
Little
Bavington
Whalton
A189
Bedlington
Gunnerton
Capheaton
Nunwick
Colwell
Belsay
Ogle
A1
Ryal
Ingoe
Black
A696
Stannington
Blyth

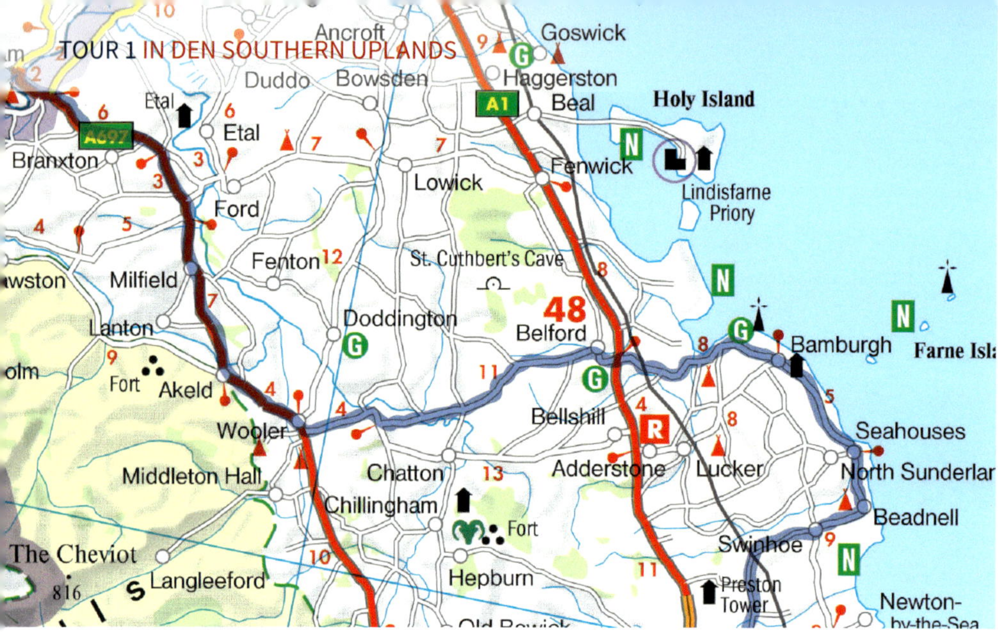


Für viele Schottlandreisende ist das im Nordosten Englands liegende Newcastle upon Tyne das „Tor nach Schottland". Hier legt die Fähre nach der nächtlichen Überfahrt an, es geht hinaus auf die britischen Straßen und so fix wie möglich wird der Norden angesteuert. Die schottische Hauptstadt Edinburgh ist nicht selten das allererste Ziel der Reise.

Oder es geht gleich vorbei an Schottlands größter Stadt Glasgow hinauf in die Highlands oder an die Küste. Die Southern Uplands, also die grenznahe

**Ein Wander- und** Motorrad-Paradies: das Moffat Water Valley.

**Willkommen in Schottland** – was für ein nettes Begrüßungsschild!

Region in Schottlands Südosten wird links liegen gelassen und wenig beachtet – ein großer Fehler.

## Start in Englands Norden

Für Kiki und mich beginnt ein Schottland-Trip zumeist schon in Englands Norden. Diesmal starten wir unsere Uplands-Runde in Beadnell. Nur eine knappe Motorradstunde nördlich von Newcastle, direkt an der Nordseeküste gelegen, lädt das Nest mit seinem gemütlichen Campingplatz zum Stopp.

Etwas nördlich des Ortes liegt der Beadnell Bay Camping and Caravanning Club Site, bei dem auch „Non Menbers" herzlich willkommen sind. Schnell haben wir unser Zelt aufgebaut und machen uns auf die Reifen. Vorbei am mächtigen Bamburgh Castle, dass für sich schon eine Reise auf die Britischen Inseln wert ist, überqueren wir die viel befahrene A 1. >

### EXTRA-TIPP

**BAMBURGH CASTLE** Es ist eine Mischung zwischen Faszination und Ehrfurcht, die der erste Blick auf das gewaltige Bamburgh Castle beim Besucher hervorruft. Mit ihren riesigen Festungsmauern und mächtigen Türmen ragt die Burg südlich der schottischen Grenze bei Berwick-upon-Tweed hoch in den Himmel. Schon vor über 1500 Jahren wurden die Vorläufer der heutigen Festung in Urkunden erwähnt, die später von Wikingern zerstört wurde. Normannen bauten sie wieder auf und schufen damit die Grundlage für das heutige Bauwerk.

Die Burg ist heute in Privatbesitz, aber öffentlich zugänglich. Ein Besuch, der sich lohnt! Verschiedene Ausstellungen, die komplette Einrichtung, das integrierte Museum über Luftfahrt und vieles mehr sind genauso faszinierend wie die vielen Veranstaltungen und das Panorama von der Festung über die schöne Küstenregion.

Auch die Geschichte Bambourgh Castles als Film-, Fernseh- und Literaturkulisse ist interessant. Hier wurden viele erfolgreiche Filme und Serien produziert. Wer mag, kann innerhalb der wehrhaften Mauern auch heiraten.

Alle Infos, Termine und Neuigkeiten gibt es auf der Seite **www.bamburghcastle.com** (**GPS** 55.608287, -1.711359).

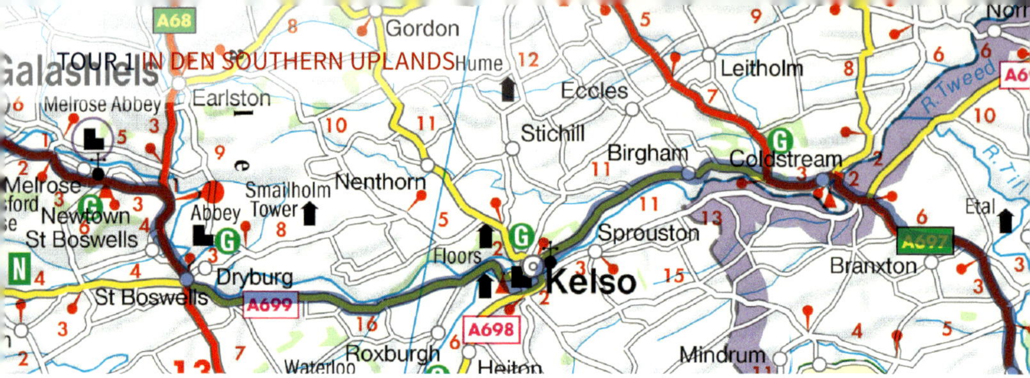


Die gut ausgebaute Schnellstraße verläuft entlang der Küste und führt direkt nach Edinburgh. Wir halten uns lieber an die kleinen Nebenstrecken und nehmen über Wooler Kurs auf das schottische Coldstream. Das kleine Dorf liegt direkt am Ufer des Flusses Tweed, der hier auch die Grenze bildet. Einst kam Coldstream eine ganz besondere Bedeutung zu.

Viele junge englische Paare kamen hierher zur heimlichen Eheschließung. Im Gegensatz zu England ließ es sich in Schottland auch ohne Zustimmung der Eltern heiraten und nicht wenige jugendliche Paare nutzten diese Chance, oft verfolgt von wütenden Vätern, die die Heirat in letzter Minute verhindern wollten.

**Das Zweiradparadies in** den Moffat Hills.

Die nächsten Kilometer folgen wir dem Tweed in Richtung Westen. Das fischreiche Gewässer, bekannt auch für seine Lachse, fließt träge an zahlreichen geschichtsträchtigen Monumenten vorbei. Floors Castle bei Kelso, Dryburgh Abbay und Abbotsford House gleich südlich von Galashiels sind nur einige der vielen monumentalen Bauten, die in dieser Region mehr oder weniger gut erhalten viele Jahrhunderte überdauerten.

## Schottischer Tartanstoff

Tweed gilt im Allgemeinen als Synonym für feinste englische Stoffe. Die wurden und werden unter anderem in Galashiels produziert. Der urige Ort mit seinen Walkermühlen ist schon seit über vier Jahrhunderten für seine Textilproduktion bekannt. Noch heute wird im nahe gelegenen Selkirk in der Waverley Mill schottischer Tartanstoff gewoben. Im dazugehörenden Besucherzentrum gibt es jede Menge Infos dazu.

Uns lockt das Harrow Inn, der uralte Pub in Galashiels. Mit zwei großen Tassen mit dampfendem Kaffe sitzen wir auf der Bank vor dem Pub und las-

Hawicks Hauptstraße mit dem alten Rathausturm.

sen das Treiben im schönen Ortskern auf uns wirken.

Weiter führt uns das bildschöne Tweed Valley, das Tal des Tweeds, in Richtung Westen. Sanft windet sich der Asphalt durch das Grün der Landschaft. Niedrige graue Steinmauern und gelb blühender Ginster huschen an uns vorbei. Auf den weiten offenen Wiesen und den flachen Hängen der umliegenden Berge und Hügel lassen es sich unzählige Schafe gut gehen.

Zwar hat sie wahrscheinlich niemand wirklich gezählt, aber Schätzungen gehen von mindestens 50 Millionen Schafen in Schottland aus. Das Land hat damit etwa zehnmal mehr Schafe als Einwohner. Bei einem Blick in die Umgebung glauben wir das gerne. Das schottische Grün ist fast überall gespickt mit diesen weißen, wolligen Vierbeinern.

Peebles, das kleine Mittelzentrum und Namensgeber der traditionellen Grafschaft Peeblesshire, empfängt uns mit dezenter Geschäftigkeit. Viele kleine einladende Geschäfte liegen entlang der Hauptstraße, Pubs laden zur Pause und nicht wenige Wan-

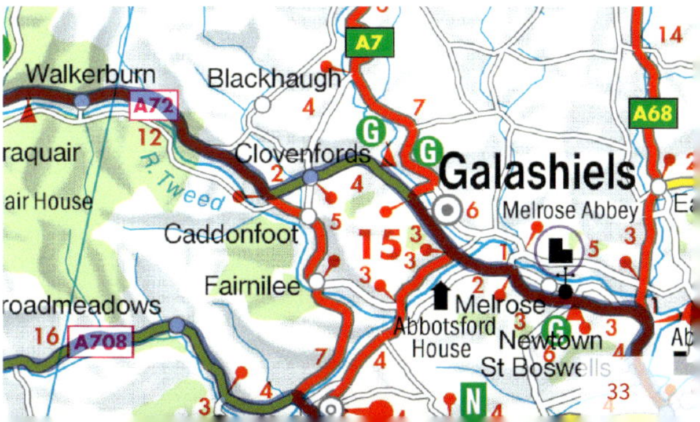

**Runter mit der** Wolle: Schafzucht hat hier Tradition.

derer brechen von Peebles aus in die nördlich liegenden Moorfoot Hills auf. Nicht entgehen lassen sollte man sich übrigens auch einen Blick auf die Tweed Bridge, die hier seit 1470 über den Fluss führt. Auch wenn die Brücke bis heute oft überarbeitet und verändert wurde, steht sie nicht umsonst als „Bauwerk von außerordentlicher nationaler Bedeutung" unter besonderem Denkmal-Schutz.

Quer durch die fantastische Landschaft der Tweedsmuir Hills führt uns die Landstraße A 701. Sie schlängelt sich griffig und kurvenreich durch die bis zu 850 Meter hohen, grün bedeckten Berge und Hügel. Dabei geht es im stetigen Wechsel bergauf und bergab,

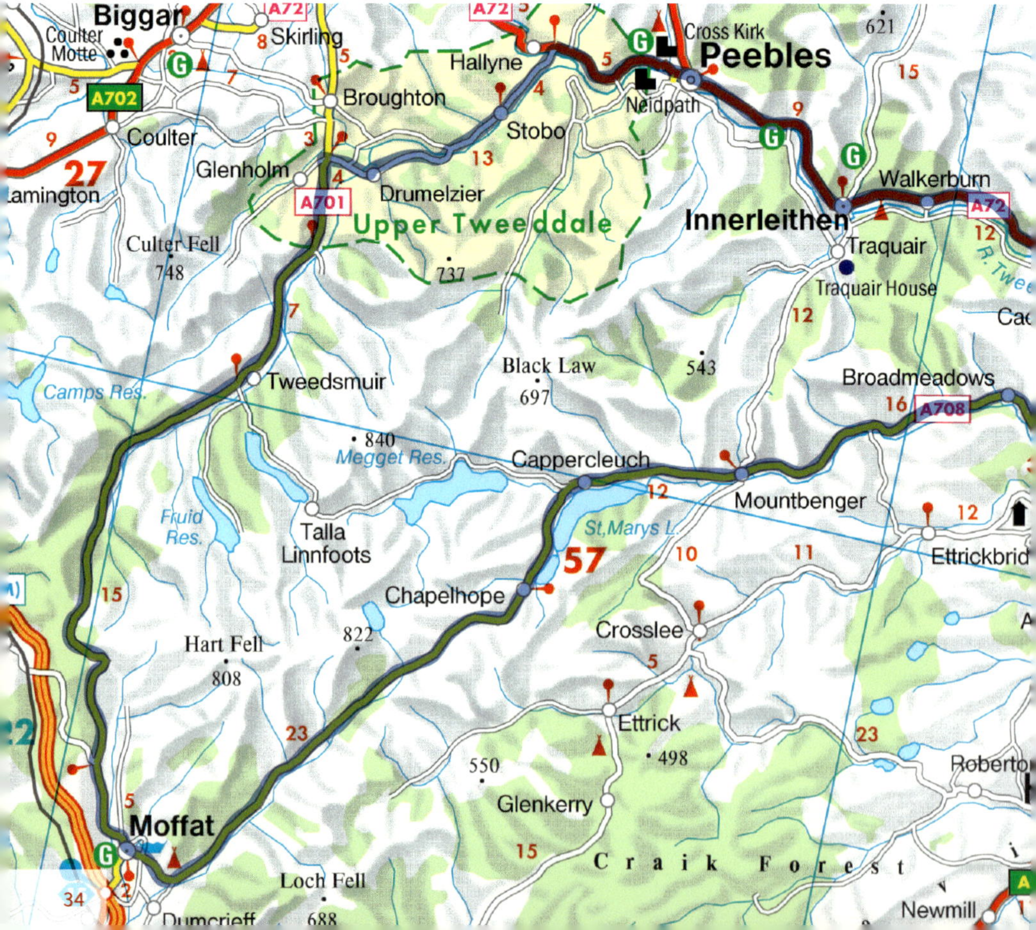

so manche Kuppen erinnern dabei ans Achterbahnfahren. Hier macht das Fahren richtig Spaß und die wenigen Autos, die hier unterwegs sind, sind mit einem kurzen Drehen des Gasgriffs schnell überholt.

## Kurs auf Selkirk

Wir passieren das Örtchen Moffat und nehmen durch das Tal Moffat Water Valley Kurs auf Selkirk. Dieser rund 60 Kilometer lange Abschnitt entlang der A 708 gilt als eine der schönsten Routen im Süden Schottlands. Hier liegt nicht nur der bildschöne See St. Mary's Loch, aus den Moffat Hills stürzt sich auch der fünfthöchste Wasserfall Großbritanniens in die Tiefe, der Grey Mare's Tail.

Gleich unterhalb des Grey Mare's Tail hat der National Trust for Scotland einen Parkplatz angelegt. Zwar muss man hier fürs Parken drei Pfund entrichten, dafür erhält man aber auch jede Menge Infos und Tipps und die Wege des Naturschutzgebiets werden tipptopp in Schuss gehalten.

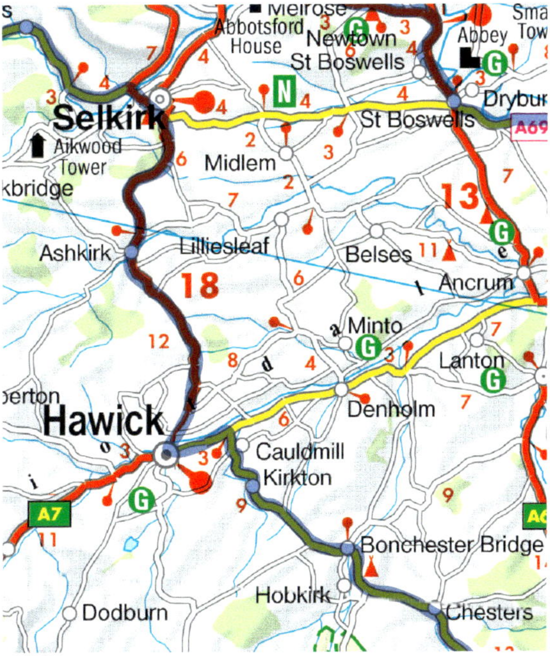


Bei Mountbenger gönnen wir uns am direkt an der Straße liegenden Pub „The Gordon Arms" ein paar köstliche Scones mit Kaffee in der Sonne. Das süße Gebäck wird traditionell mit Butter oder Clotted Cream, einem Rahm, serviert. Dazu gibt's leckere Konfitüre, fertig ist die wohlschmeckende Kalorienbombe.

Bei Selkirk wenden wir uns wieder in Richtung Süden. Unser nächstes Ziel ist Hawick. Auch hier steht seit vielen Jahrzehnten die Produktion von hochwertigen Stoffen ganz im Mittelpunkt. Bekannte schottische Hersteller weben hier mit feinster Merino- und Kaschnirwolle edle Stoffe. Immer wieder begeistert Kiki und mich auch

**Lecker Süßkram: Da** freut sich nicht nur die Sozia.

**Lockt zum Bad:** der Stausee im Kielder Forest im englischen Northumberland.

die urige, alte Architektur der Häuser entlang des River Teviot, der eingefasst durch hohe Mauern mitten durch Hawick fließt. Nicht weniger interessant sind auch die vielen kleine Läden rund um die Ortsmitte. Übrigens, auch hier rund um Hawick lässt es sich prima wandern. Besonders interessant sind die Wanderwege, die auf der Trasse der alten, inzwischen stillgelegten Eisenbahnstrecke angelegt wurden.

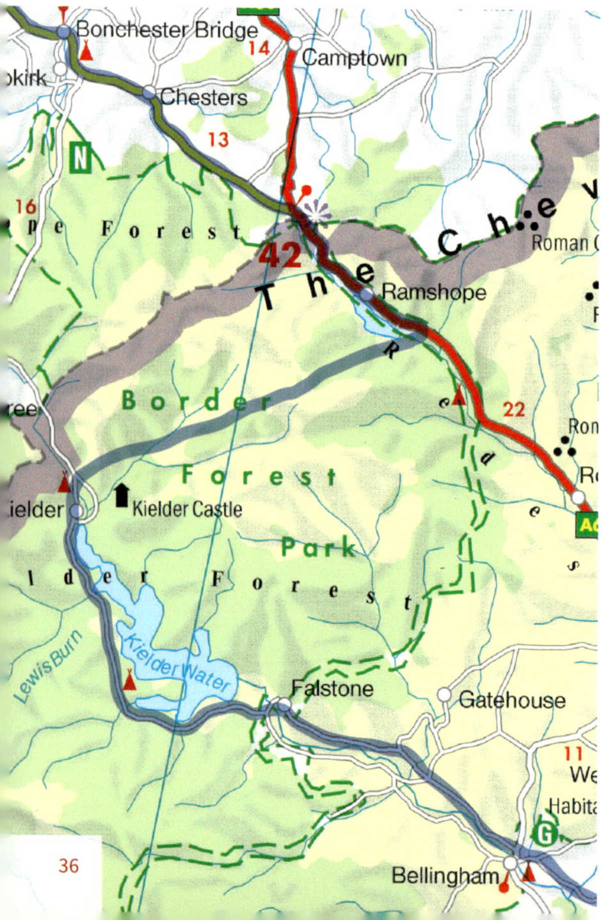


## Berühmter Käse

Via Bonchester Bridge halten wir wieder Kurs in Richtung der englisch-schottischen Grenze. So klein Bonchester Bridge auch ist, es hat sich einen großen Namen gemacht. Erstmalig wurde hier auf einer Farm der inzwischen weit über Schottland hinaus so berühmte Bonchester-Käse kreiert, ein köstlicher, würziger Weichkäse. Carter Bar, die 418 Meter hohe Passhöhe, auch als Cheviot-Pass bekannt, kommt in Sicht.

Direkt am mächtigen Grenzstein lasse ich die BMW ausrollen und wir gehen ein paar Schritte auf diesem geschichtsträchtigen Boden. Am 7. Juli 1575 kam es hier zum letzten größeren schottisch-englischen Scharmützel, dem Raid of the Redeswire mit reichlich Toten und anschließenden Plünderungen in der Region. Heute ist es hier zum Glück ungleich ruhiger, nur ein großer Gedenkstein erinnert noch an diese Unruhen.

Auf der südlichen, der englischen Seite der Cheviot Hills, führt die A 68 aus den Höhen hinunter. Von hier lässt sich schnurstracks in wenigen Minuten nach Newcastle düsen, das wäre aber schade. Schließlich wartet mit der

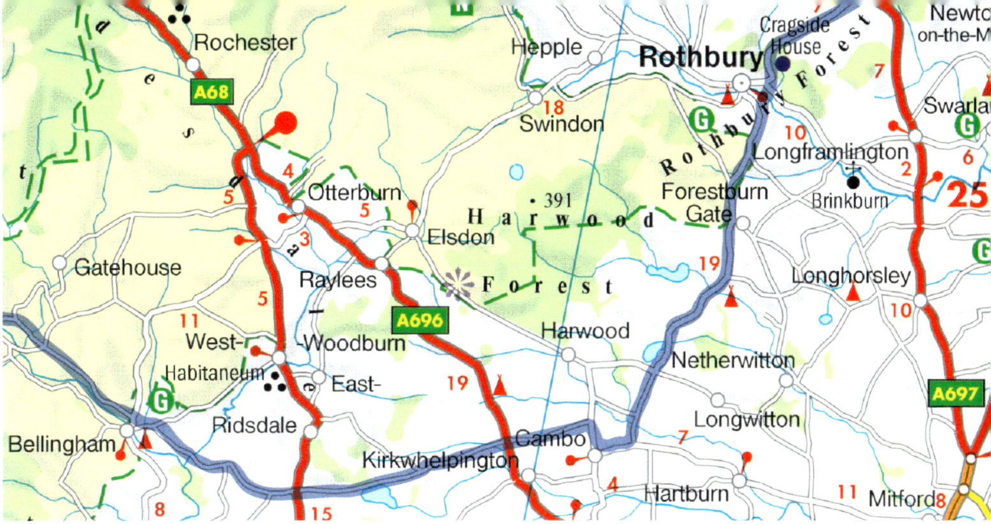


weiten einsamen Landschaft des Northumberland National Park noch ein weiteres Highlight auf den Motorrad-Reisenden.

Also setze ich ein paar Kilometer unterhalb des Passes den rechten Blinker und auf einem ziemlich schmalen Sträßchen kurven wir durch den Kielder Forest und in Richtung Kielder. Der riesige Kielder Forest rund um das gleichnamige Städtchen gilt als eines der größten geschlossenen englischen Waldgebiete. Hier drehte Ridley Scott mit Russell Crowe nicht nur sein Oscar-Monumentalwerk Gladiator, sondern auch den grandiosen Robin Hood. Und tatsächlich fühlt man sich unterwegs auf den einsamen Waldstrecken wohl wie einst Robin Hood und seine Mannen im Sherwood-Forest. Es

**Immer an den** Linksverkehr denken.

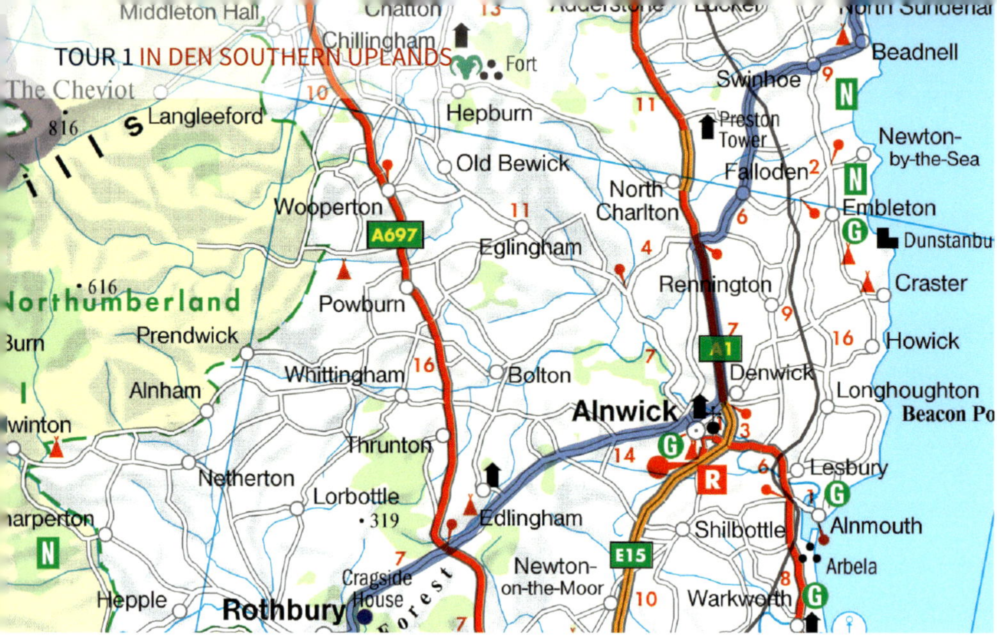


fehlen nur noch die plötzlich aus dem Unterholz brechenden Bogenschützen, dann wäre die Illusion perfekt.

Das nächste Superlativ liegt gleich am Wegesrand: Kielder Water, der größte Stausee Großbritanniens, von Königin Elisabeth höchstpersönlich 1982 eingeweiht. Hier betreibt derzeit der deutsche Energiekonzern RWE das leistungsstärkste Wasserkraftwerk Englands.

Vorbei am See führt uns die einsame Strecke über Bellingham und die A 68 wieder in nördliche Richtung und nach Alnwick. Hier liegt das mächtige Alnwick Castle, der nach Windsor Castle zweitgrößte Adelssitz Englands, der vor allem Harry Potter-Fans sehr bekannt vorkommen dürfte. Für Kiki und mich ist es von hier aus nur noch ein Katzensprung bis Beadnell, wo wir heute Morgen unser Zelt aufgebaut hatten. ◂

**Auf Talfahrt zwischen** der Grenze und Hawick.

## INFOS ZUR TOUR

### CHARAKTERISTIK

Hat man sich erst mal an den Linksverkehr gewöhnt, was meist schneller und einfacher geht als gedacht, lassen sich alle hier vorgestellten Strecken entspannt befahren. Von der breit ausgebauten Landstraße bis zum schmalen, kurvenreichen Asphalt im Wald ist hier alles dabei. Nicht alle Straßen sind breit genug für Begegnungsverkehr, aber auch das funktioniert dank gegenseitiger Rücksichtnahme meist bestens. Für die herrlichen Panoramen unterwegs sollte man bisweilen auch mal anhalten und Muße zum Genießen mitbringen.

### PÄSSE DER TOUR

Zwar geht es gerade in den Tweedsmuir Hills durchaus bergig zu, eine echte Passhöhe gibt es auf dieser Route allerdings nur an der schottisch-englischen Grenze. Der Cheviot-Pass, auch als Carter Bar bekannt, liegt auf 418 Metern Höhe inmitten der Cheviot Hills.

### ÜBERNACHTUNG

**Camping Beadnell Bay**
Beadnell, Chathill, NE67 5BX
Northumberland, England
Der einladende Campingplatz direkt am Meer hat uns sehr gut gefallen, sehr freundliches und hilfsbereites Team, gute Ausstattung, rund 150 Plätze.
**www.campingandcaravanningclub.co.uk/campsites/uk/northumberland/chathill/beadnellbay**
**GPS** 55.561275, -1.635418

**Haven House B&B**
The Haven
Beadnell, NE67 5AW
Sehr gemütliches B&B mit tollen Gastgebern, große und sehr saubere Zimmern, umfangreiches Frühstück, nur ein paar Meter vom Meer entfernt.
**www.havenhouse-beadnell.com**
**GPS** 55.557486, -1.634408

### KOMBINATIONSMÖGLICHKEITEN

Gleich westlich schließt sich die Tour 10 an, nördlich lockt Edinburgh und wer noch ein paar Kilometer drauflegen möchte, macht noch einen Abstecher vom Nordosten der Tour in den historischen Hafenort Eyemouth.

**Hoch über der** Stadt thront die mächtige Burg.

# Das Rom des Nordens

Edinburgh oder die „Stadt der sieben Hügel", wie sie auch gerne genannt wird, ist die faszinierende und lebensfrohe Hauptstadt des Landes.

Edinburgh, seit dem 15. Jahrhundert die Hauptstadt von Schottland, zählt heute rund 500 000 Einwohner und gehört zu den schönsten Städten des gesamten Inselreichs. Man sollte der nach Glasgow zweitgrößten Stadt Schottlands unbedingt einen kurzen Aufenthalt gönnen, denn sie ist es wirklich wert.

Bemerkenswert an dieser vielbesuchten Haupt- und Festivalstadt ist neben ihrem einzigartigen dramatischen Stadtbild sowie der wunderbaren Lage auf drei vulkanischen Felsen, die Spannung zwischen ihren Gegensätzen. Die mittelalterliche Düsterkeit, touristisch aufgeputzt, trifft auf schwungvoll entworfene georgianische Eleganz. Dieser Kontrast ist es, der diese Metropole so beispiellos macht.

In Edinburgh sind alle Extreme vertreten: Die Einen leben wie Gott in Frankreich und die Anderen nur knapp über der Armutsgrenze. Eines haben beide Gruppen gemein: ihren Hang zu einer ausgesprochen sympathischen Selbstironie. Touristen, die einen der Pubs besuchen, stellen spätestens beim gemütlichen Bier fest, dass es hier keine Unterschiede in den Klassen gibt. Jeder trifft jeden, Berührungsängste bestehen nicht.

## Streit um die Burg

Der Burgfelsen aus Vulkangestein, auf dem heute alljährlich zum Tattoo geblasen wird, erschien den Menschen nicht erst seit gestern ein idealer Platz für eine Befestigungsanlage zu sein. Die Pikten bauten der Legende nach dort im 5. Jahrhundert eine Wehrburg, auf Gälisch Dunedin (Festung am Bergrücken) genannt, um die sie in den nächsten 600 Jahren mit Angelsachsen aus Northumbrien stritten.

Neben den Pikten soll auch König Edwin von Northumbrien für den Burgnamen Pate gestanden haben, obwohl er zur Zeit der vorübergehenden Eroberung durch seinen Stamm nicht mehr lebte. Die Ursprünge von Auld Reekie (die Verräucherte) sind also von dickem mythologischem Nebel verhüllt. Beide Erklärungen des Namens ergänzen sich und sind zumindest nicht falsch, da sie sowohl auf die keltische als auch die angelsächsische Vergangenheit hinweisen.

Das berühmteste Gebäude der Stadt thront auf dem vulkanischen Felsen von Edinburgh und ist heute eine der größten Touristenattraktionen Schottlands. Obwohl es keine Überlieferungen gibt, wann man mit dem Bau des imposanten Castles begann, ist davon auszugehen, dass auf dem Hügel schon zu prähistorischer Zeit Siedler lebten. Betrachtet man die exponierte Lage des Bollwerkes genauer, wundert dies in der Tat niemanden.

Erste Aufzeichnungen über eine Siedlung oder Festung stammen aus der Zeit um 600 n. Chr., als die Angeln aus Northumbria die Schotten

In der Princes Street pulst das Leben.

vernichtend schlugen. Seit dieser Epoche wurde der Felsen mit dem bedrohlich wirkenden Castle regelmäßig zum Schauplatz schrecklicher Schlachten. Der letzte Angriff erfolgte 1745. In diesem Jahr versuchte Bonnie Prince Charlie, durch die Eroberung seine Anwartschaft auf den Thron durchzusetzen. Es sollte beim Versuch bleiben.

**An schönen Läden** und Fassaden mangelt es nicht.

Nach einem Besuch des Castles bietet es sich an, mit einem kleinen Spaziergang die Royal Mile und den nahegelegenen Grassmarket mit seinen einladenden Pubs zu erkunden. Letzterer zählt, wie auch die Rose und George Street, zu den Zentren des Nachtlebens der Stadt. Wer die Royal Mile bis ans Ende hinunter wandert, kommt am Palace of Holyroodhouse an, der offiziellen königlichen Residenz in Schottland.

Edinburgh hat aber mehr Sehenswertes zu bieten, als nur das Castle, so gibt es neben der sichtbaren auch noch eine unsichtbare Stadt. Diese liegt im wahrsten Sinne des Wortes im Untergrund. Die Rede ist von der „Hidden City". Da Edinburgh im Mittelalter an Übervölkerung litt, lebten die Menschen nicht nur über, sondern auch unter der Erde in den sogenannten Closes. Das waren kleinen Gassen, von denen Wohnungen abzweigten, die teilweise tief unterhalb des heutigen Straßenniveaus lagen.

Die Mary King's Close ist so eine „Wohnanlage" und liegt 13 Meter unter dem Pflaster. Als 1645 in Edinburgh die Pest ausbrach, wurde der vermeintliche Herd des „Schwarzen Todes" in der Mary King's Close entdeckt und die Stadtväter ließen die beiden Enden zumauern – einschließlich der darin lebenden Menschen. Heute führen kostümierte Schauspieler bei schummriger Beleuchtung durch die muffigen Gewölbe, berichten vom damaligen Alltag und von den Seelen der Pestopfer, die heute hier spuken.

## Hochprozentige Tropfen

Wem nach all dem Grauen nach einer hochprozentigen Beruhigung dürstet, dem sei eine Whisky-Brennerei außerhalb der Stadt empfohlen: Glenkinchie Destillery. Die Brennerei wurde unter dem Namen Milton im Jahr 1825 durch die Brüder George und John Rate gegründet und 1837 in Glenkinchie umbenannt.

Die als Muster-Destillerie auf einer Muster-Farm errichtete Anlage war schon immer ein fester Bestandteil des ländlichen Lebenskreises der Region. 1853 gingen die Rate-Brüder Bankrott und bis 1881 wurde dort kein Whisky mehr gebrannt. Seit einem weiteren Verkauf in 1914 wurde in dieser Brennerei kontinuierlich destilliert. Sie war eine der wenigen, die während des Zweiten Weltkrieges nicht geschlossen war. 1987 ging die Brennerei an United Distillers & Vintners (UDV). Sie ist neben Auchentoshan die einzige noch in Betrieb befindliche Destillerie in den Lowlands.

## Edinbughs Speisekammer

Ein Besuch der Glenkinchie Distillery ist auf jeden Fall empfehlenswert, denn bereits Robert Burns war von der traumhaften Landschaft rund um die Destillerie fasziniert. Die weitläufigen Felder und Wiesen werden auch als die Speisekammer Edinburghs bezeichnet. Die gut ausgebildeten Guides können wirklich jede Frage beantworten und erklären mit viel Liebe zum Detail die Herstellung von Whisky beginnend bei der Mälzung bis hin zu Abfüllung. An jeder einzelnen Station in der Whisky-Produktion erläutern sie, was man sieht – und bieten genügend Zeit, sich alles anzusehen und reichlich Fragen zu stellen.

Wer denkt, dass der Großraum um Edinburgh nichts für Motorradfahrer bietet, der liegt komplett falsch. Nur wenige Meilen vor der Stadtgrenze liegt der kleine verschlafene Ort East Fortune, der für seinen alten Flugplatz bekannt ist. Östlich des ursprünglichen Flugfeldes befinden sich die ehemaligen Start- und Landebahnen, die nun dem Melville Motorcycle Club an vielen Wochenenden im Jahr als Rennstrecke dienen. An den jeweiligen Samstagen und Sonntagen treffen sich hier jede Menge Motorradbegeisterte und erleben hautnah die Rennen der unterschiedlichen Klassen, inklusive Besuch des Fahrerlagers. Der Eintritt dient dabei nicht dem Gewinn des Clubs, sondern ist ausschließlich für den Erhalt der Anlage vorgesehen.

Eine der beeindruckendsten Veranstaltungen sind die „Bob McIntyre Memorial Classic Races“ mit denen man an den großen schottischen Rennfahrer erinnert. Bei diesen Rennen sind viele Maschinen deutlich älter, als die Besucher und die Geräuschkulisse garantiert Gänsehautfeeling. Übrigens, die Gerade in East Fortune ist die längste Rennstrecken-Gerade auf den Britischen Inseln. ◂

**Gleich vor der** Stadtgrenze wird hart gekämpft.

SCOTT
AW
WU 47

# Grüner **wird's nicht!**

Unendliche Weite in allen nur denkbaren Grüntönen, einsame, zum Teil einspurige Sträßchen, die sich durch die bergige Landschaft schlängeln, unterbrochen durch uralte enge Steinbrücken und malerische Gemäuer rechts und links des Asphalts. So lässt sich eine Tour durch die mittig in Schottland liegenden Grampian Mountains charakterisieren. Fahrspaß, Abwechslung, Historie – ein schottischer Traum für reisende Motorradfahrer.

**Unterwegs im Cairngorms** National Park.

## TOUREN-STECKBRIEF

### BASISORT
Perth (56.398660, -3.427117)

### LÄNGE DER TOUR
ca. 330 km

### DAUER DER TOUR
8 Stunden

### ROADBOOK
Perth, Rattray, Glen Shee, Devil's Elbow, Braemar, Ballater, Cock Bridge, Glenlivet, Dufftown, Grantown, Aviemore, Pass of Drumochter, Glen Garry, Killiecrankie, Aberfeldy, Glen Cochill, Gilmerton, Perth.

### HIGHLIGHTS
Natur pur, einsam, bildschön – die Passstraße über den Devil's Elbow ist Moppedstrecke vom Feinsten. (56.886602, -3.414575)

Queen's View am Loch Tummel ist genauso, wie man sich Schottland vorstellt: grüne Berge, schwarzes Wasser, blauer Himmel und fantastische Strecken (56.717019, -3.857187 Queen's View Visitor Center).

Drumnadrochit
Urquhart
Loch Dontelchaig
Croachy
Torness
Moy
Tomatin
Carn an t-Sean liathanaich
Aitnoch
Lochindorb
Dava
Archiestown
Knockando
Craigellachie
Aberlour
R. Spey
Marypark
Ballindalloch
Beinn Dubhcharaich
Grantown-on-Spey
Cromdale
Carrbridge
Dulnain Bridge
Nethy Bridge
Hills of Cromdale
Glenlivet
Glen Livet
Blackwater Forest
Boat of Garten
Strathspey Railway
Monadhliath Mountains
Aviemore
Coylumbridge
Tomintoul
Ladder Hills
Hills of Cromdale
Cairngorms
Carn Ban
Highland Wildlife Park
Kincraig
L. Insh
L. Morlich
L. an Eilean
Blairnamarrow
Newtonmore
Baile Ur an t-Sleibh
Kingussie
Ruthven Barracks
Insh
Ski Centre
Cairn Gorm
Glen Avon
Strathdon
Corgarff
Tornahaish
Crathie Laggan
Catlodge
Etteridge
Cairngorm Mountains
National Park
Ben Macdhui
Ben Avon
R. Gairn
Glenfeshie Lodge
Grampian Mountains
Dalwhinnie
Braemar
Balmoral Castle
Crathie
Abergeldie Castle
Easter Balmoral
Mains of Abergeldie
Inverie
Gaick Lodge
Auchallater
Beinn Bhreac
Balmoral Forest
Lochnagar
Dalnaspidal
Forest of Atholl
L. Garry
Glen Garry
Dalnacardoch
The Cairnwell
Beinn A'Ghlo
Braedownie
Mayar
L. Errochty
Calvine
Pitagowan
Middlebridge
Blair Castle
Blair Atholl
Glen Errochty
Kinloch Rannoch
Spittal of Glenshee
Clova
White Hill
Tummel Bridge
Killiecrankie
Straloch
Loch Tummel
Foss
Kinnaird
Pitlochry
Schiehallion
Ashintully
Kirkmichael
Clackavoid
Glen Clova
Glen Prosen
Dunfallandy Stone
Strathtay
Dalcapon
Kirkton of Genisla
Glen Isla
Keltneyburn
Menzies
Weem
Fortingall
Dull
Aberfeldy
Balnaguard
Ballinluig
Ballintuim
Dykends
Dykehead
Memus
Fearnan
Kenmore
Acharn
Kindallachan
Bridgend of Lintrathen
Kirriemuir
Dowally
Bridge of Cally
Dalguise
River Tay
Butterstone
Alyth
Craigton
Oathlaw
Garrow
Meall Dearg
Dunkeld
L. of Lowes
Birnam
Blairgowrie
Rattray
Padanaram
Glamis Castle
Eassie
Forfar
Ardeonaig
L. Freuchie
Milton
Trochry
Craigie
Caputh
Glamis
Douglastown
Strath Braan
Strathmore
Creag Uchdag
Amulree
Meikleour
Murthly
Meigle
Ben Chonzie
Waterloo
Bankfoot
Coupar Angus
Newtyle
Lednock
Invergeldie
Arntully
Burrelton
Sidlaw Hills
Auchterhouse
Whigstreet
L. Turret
Stanley
Lundie
St Fillans
Harrietfield
Guildtown
Dronley
Balgray
Wellbank
Comrie
Monzie
Buchanty
R. Almond
Moneydie
Dalerue
Luncarty
Abernyte
Fowlis
Muirhead
Kellas
Dalginross
Gilmerton
Fowlis Wester
Almondbank
Balbeggie
Crieff
Methven
New Scone
Rait
Inchture
Invergowrie
Cultoch
Drummond Castle Gardens
Tibbermore
Perth
DUNDEE
Broughty Ferry
Muthill
St David's
Kinkell Bridge
Errol
Newport-on-Tay
Tayport
Aberuthven
Forteviot
Bridge of Earn
St Madoes
Firth of Tay
Balmerino
Abbey
Gauldry
Roman Fort

Perth, bis vor gut 500 Jahren die Hauptstadt Schottlands und gerade mal 50 Kilometer nördlich der heutigen Hauptstadt Edinburgh gelegen, ist Start und Ziel dieser abwechslungsreichen Runde durch die Grampian Mountains und rund um Schottlands zweithöchsten Berg, den 1309 Meter hohen Ben Macdhui. Die 50 000-Einwohner-Stadt ist für die meisten Reisenden nur Durchgangsstation auf dem Weg in den Norden. Schade, denn Perth hat durchaus Charme, und es gibt vieles zu entdecken zwischen dem Scone Palace und den Ufern des River Tay.

## Östlich des River Tay

Die Stadtbesichtigung liegt hinter uns und gleich nach dem frühen Frühstück brechen Kiki und ich auf, schwingen uns aufs Mopped und verlassen Perth in nördlicher Richtung. Nicht, wie wohl fast alle Reisenden, über die gut ausgebaute A 9, die schnurstracks in Richtung Inverness führt und nach gut 180 Kilometern das legendäre Loch Ness streift, sondern über die östlich des River Tay liegende A93. Die lässt sich in Perth direkt über die nördliche Brücke erreichen und kaum liegt das Stadtzentrum hinter uns, wächst schon linker Hand der mächtige in den Himmel.

Bekannt ist das bildschöne Schloss vor allem als Krönungsstätte der schottischen Könige. Auch heute finden hier noch viele Festivitäten und Veranstaltungen statt und wer möchte, darf sich auch in den Fünf-Sterne-

**Fifty shades of** green in Schottland.

Solche Schilder sieht man gerne.

Unterkünften des Schlosses einmieten – inklusive fürstlicher Bedienung.

Vorbei am Perth Airport nehmen wir Kurs auf Guildtown. Kurz vor dem kleinen Dorf lohnt es sich, die Augen aufzuhalten. Liegt doch direkt an der Straße der einladende Strawberry Fram Shop. Hier gibt es regionale landwirtschaftliche Produkte – für den Moppedfahrer zugegebenermaßen eher nicht so interessant – aber auch fantastische „award winning ice cream". Kiki und ich wissen zwar nicht, welchen Preis das Eis gewonnen hat, aber er war es auf jeden Fall gerechtfertigt: Die kalte Köstlichkeit ist ein Gedicht und schmeckt auch schon am frühen Vormittag!

## Grüne, bergige Landschaft

Wir passieren Blairgowrie und Rattray, dann öffnet sich vor uns das Glen Shee. Das herrliche Tal windet sich durch die grüne, bergige Landschaft, flankiert von einzelnen Baum- und Buschgruppen, hinter denen sich die südlichen Gipfel der Grampian Mountains

### AUTOREN-TIPP

**HIGHLAND CLEARANCES** 50 Millionen Schafe soll es in Schottland geben, welch eine Zahl! Der eigentliche Grund für die hohe Anzahl der wolligen Vierbeiner ist allerdings eher traurig, verantwortlich dafür waren die Highland Clearances im 18. und 19. Jahrhundert. Auslöser waren die Gutsherren, sowohl englische als auch teilweise die der schottischen Lowlands. Die vertrieben mal einfach die einheimischen Landbauern aus den Highlands, brannten ihre Häuser nieder, rissen ganze Dörfer ab und deportierten sogar eine große Zahl Menschen gewaltsam mittels Auswandererschiffe nach Amerika oder Australien, weil sie Platz für ihre Vierbeiner brauchten. Allein George Leveson-Gower, der erste Duke of Sutherland, vertrieb rund 15 000 Menschen um 3 200 Quadratkilometer Land für seine Schafe an sich zu reißen und wurde so zeitweise der reichste Mensch Großbritanniens. Rechtlich gewürdigt wurde das nie so wirklich und bis heute besitzen 66 Landbesitzer rund ein Viertel der ganzen Fläche Schottlands.

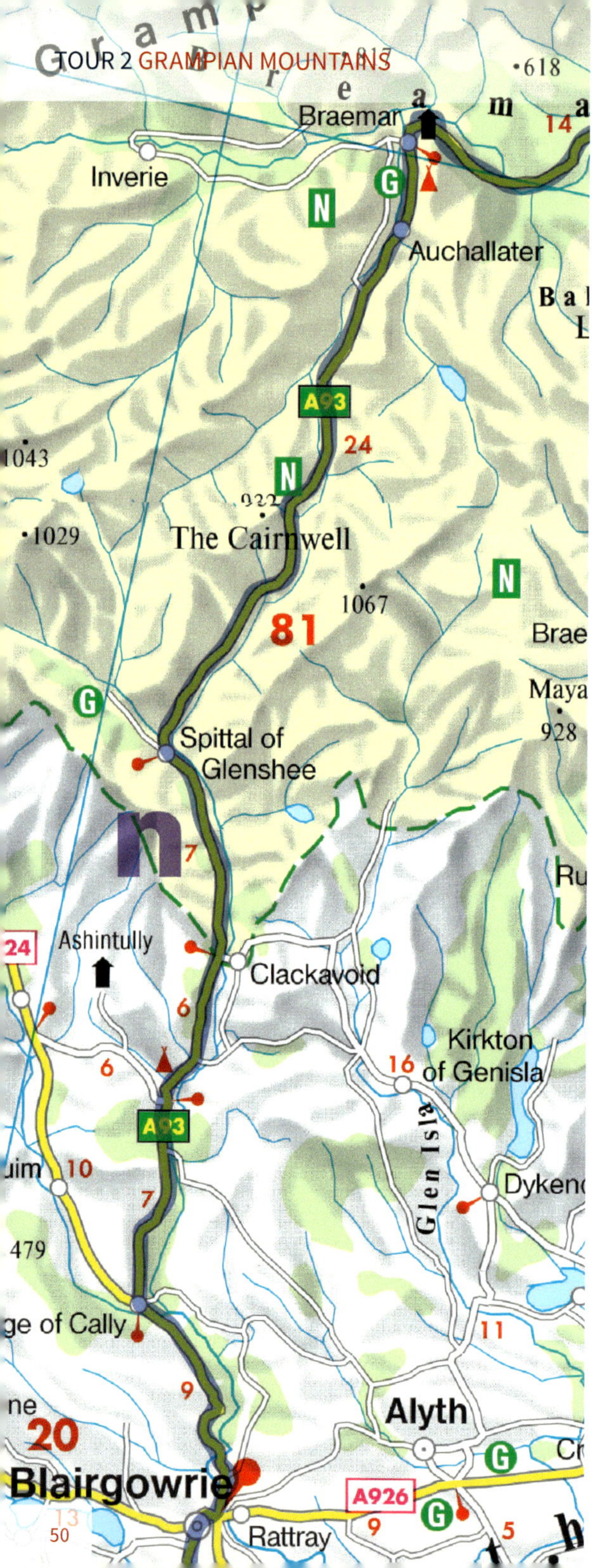


in den Himmel erheben. An den Berghängen wechselt sich dichtes Grün mit grauem, schroffen Fels ab. Niedrige Steinmauern teilen das Flachland in unzählige Weiden und Wiesen, auf denen es sich die wolligen Schafe gut gehen lassen, sofern sie nicht gerade ausgebüxt sind und mitten auf der Straße herumstehen und wandern. Damit muss man in Schottland schließlich immer rechnen.

Das Glen Shee mit seinem kleinen Zentrum Spittal of Glenshee ist sommers wie winters bei Ausflüglern sehr beliebt. Im Winter wird hier Ski gefahren und in der warmen Jahreszeit lässt es sich hier perfekt wandern.

## Treff am Cairnwell-Pass

Auch die schottischen Motorradfahrer haben ihr Herz für das Glen entdeckt und am Wochenende treffen sich am Devil‘s Elbow viele Moppedfahrer aus

Glasgow, Edinburgh, Perth oder Dundee. Der 665 Meter hohe Devil‘s Elbow, auch bekannt als Cairnwell-Pass, lockt mit einem einladenden Café zum Treff. Im Winter geht es mit dem

Skilift gleich nebenan in die schneebedeckten Höhen. Auch Kiki und ich werfen einen Blick ins Café, gönnen uns einen heißen Schluck und können natürlich nicht an den süßen Scones vorbeigehen, die uns in Schottland auf Schritt und Tritt begleiten. Dass wir mit ein oder zwei zusätzlichen Kilo Körpergewicht nach Hause kommen werden, ist uns jetzt schon klar.

Gleich hinter der Passhöhe, auf der nördlichen Seite, beginnt der riesige Cairngorms National Park. Er ist der größte der insgesamt 15 Nationalparks Großbritanniens und einer von zwei in Schottland. Die Region ist extrem

**Am Rande der** Grampian Mountains ist jeder Tag Brückentag (oben). Alleenstraße beim Glen Shee (links).

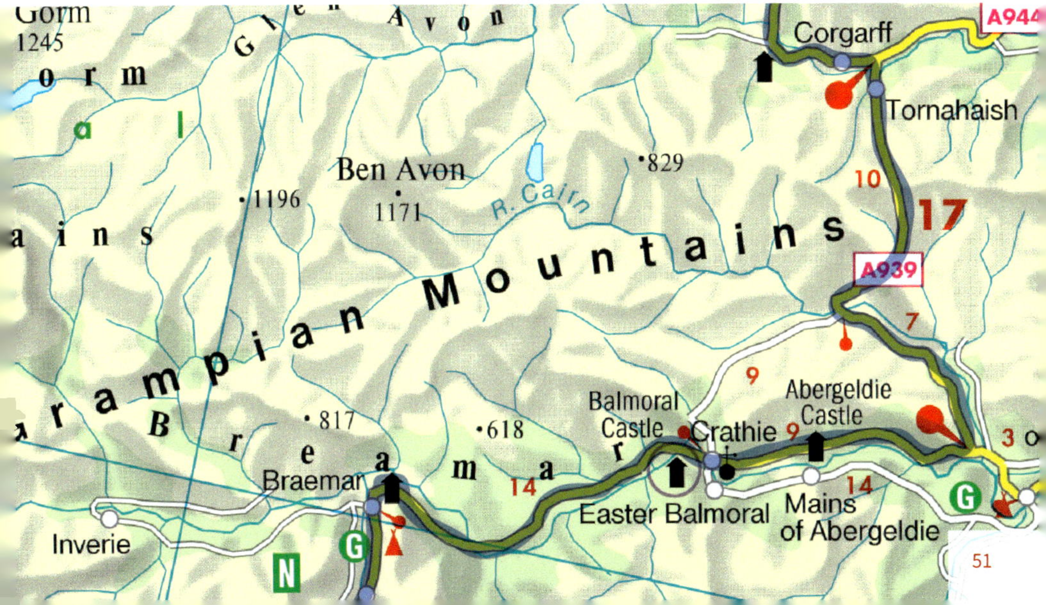

**Die Packhorse Bridge** ist viele hundert Jahre alt (rechts). Das Corgaff Castle liegt einsam im Grünen (unten).

dünn besiedelt, entsprechend reichhaltig sind Flora und Fauna. Nicht selten begegnen dem Reisenden einige der vielen tausend Rothirsche des Parks. Das kann durchaus auch auf dem Asphalt passieren, deshalb heißt es: Augen aufhalten. Wer zu Fuß in den ganz abgelegenen Ecken des Nationalparks unterwegs ist, dem können auch schon mal Rentiere begegnen.

Bald haben wir Braemar erreicht. Das nette, viel besuchte Städtchen, direkt am Ufer des Flusses Dee gelegen, wartet am ersten September-Wochenende mit einer ganz besonderen Attraktion auf: den Braemar Gathering. Bei diesen Highland-Games zählen nicht nur Disziplinen wie Tauziehen, Berglauf, Baumstammwerfen oder Hammerwerfen, es gibt auch einen Musik- und einen Tanzwettbewerb.

## Treffen wir die Queen?

Besondere Bedeutung kommt dem Fest in Braemar zu, weil die königliche Familie zu den Stammgästen ge-

hört, die Queen selber übernimmt seit über 150 Jahren die Schirmherrschaft über die Spiele. Das etwa zehn Kilometer weiter liegende Balmoral Castle, bei dem Kiki und ich natürlich einen Blick über den Zaun werfen, ist nicht weniger als die Sommerresidenz der Queen, in der sie sich rund drei Monate im Jahr aufhält. Wir treffen sie diesmal leider nicht persönlich.

## Ungetrübte Einsamkeit

Ballater, Cock Bridge mit Corgarff Castle, Glenlivet sind die nächsten Stationen auf dieser fantastischen Runde. Welch eine Landschaft – immer wieder begeistern uns das satte Grün, die bildschönen weiten Täler und die ungetrübte Einsamkeit der grandiosen Landschaft. Nicht entgehen lassen wir uns natürlich auch die Old Bridge of Livet. Leider ist heute nur noch ein Bogen des faszinierenden Brückenbaus aus dem 16. Jahrhundert übrig, den Rest spülte die große Flut von 1829 den Fluss hinunter.

Hinter Dufftown schlagen wir einen großen Bogen und die Route wendet sich wieder in südwestliche Richtung. Parallel des River Spey und der gut ausgebauten A 95 kurven wir über die schmale B 9102 durchs Tal. Die A 95 erreichen wir erst in Grantown-on-Spey

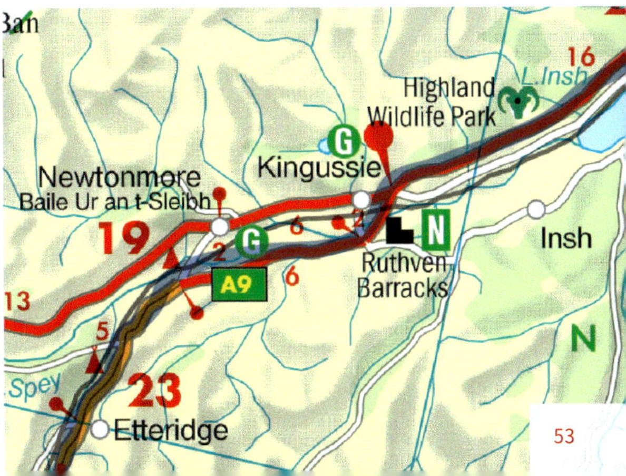

**Einfache Orientierung dank** des Schilderwaldes (rechts) und des Motorradreisenden Traumstrecke im Naturpark (r. Seite).

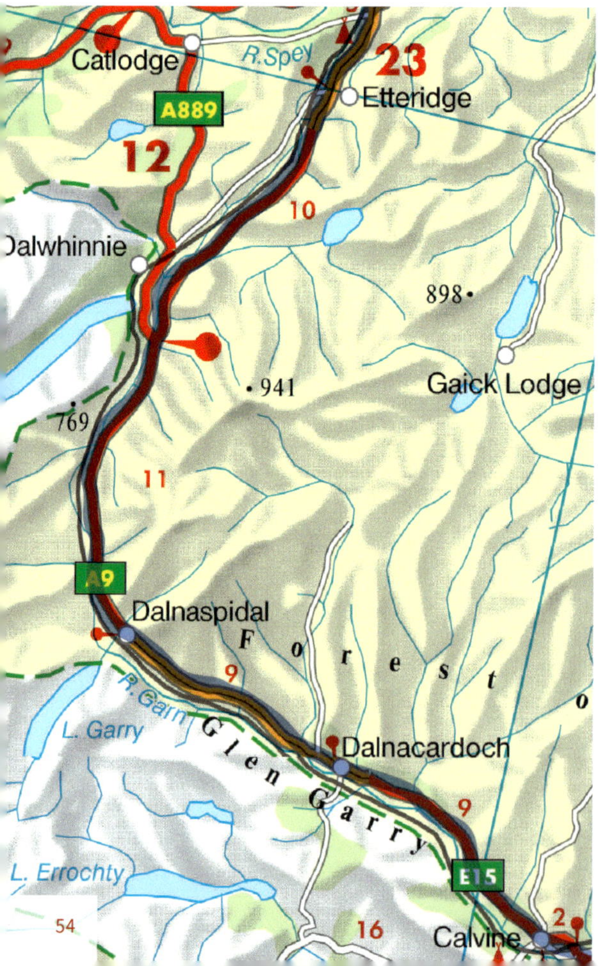


wieder. Der gemütliche Ort mit seiner kleinen, aber feinen Hauptstraße und den interessanten Läden kommt gerade richtig für eine erholsame Pause. Hier lassen sich perfekt die Motorradfahrerbeine vertreten und in den Pubs gibt es leckere Kleinigkeiten zur Stärkung. Wer hier nicht fündig wird, düst einfach ein paar Kilometer weiter und versucht sein Glück in Aviemore.

## Spannende Museumsbahn

Das kleine Mittelzentrum kommt ebenfalls sehr sympathisch herüber und bietet einige Abwechslung. Wer Lust und Zeit hat, steigt hier in die Museumsbahn der Strathspey Railway, die zwischen Aviemore und Broomhill pendelt – ein spannendes Erlebnis, nicht nur für eingefleischte Eisenbahnfans. Interessant ist übrigens auch der südlich von Aviemore gelegene Glenmore Forest Park. Schon vor vielen Jahren haben wir hier am

Loch Morlich mit unserem Wohnwagen Urlaub gemacht, waren wandern und Canadier fahren –und von der Landschaft und der Natur ringsum richtig begeistert.

Aviemore entlässt uns in südwestlicher Richtung entlang des River Spey. Immer wieder fällt unser Blick auf das rauschende, dunkelbraune Wasser des Flusses. Viele Wildbäche in Schottland führen fast nur braunes Wasser, die Färbung kommt insbesondere durch den Torf und die oberhalb liegenden Hochmoore und ist keinesfalls ein Zeichen schlechter Wasserqualität. Im Gegenteil, rauscht das Wasser direkt aus den Bergen, ist es sogar trinkbar. Vorbei an Newtonmore steigt die

A 9 durch das Glen Trium hinauf auf den 462 Meter hohen Pass of Drumochter. Die Passhöhe markiert den zentralen Übergang zwischen dem nördlichen und dem südlichen Teil der Central Hihglands. Da auch die Bahnlinie diese Höhe passiert, stellt dieser Streckenabschnitt den höchs-

**Auf einsamer Nebenstrecke** zu Füßen der Grampian Mountains.

ten Eisenbahnpass Großbritanniens dar. Auf den folgenden gut 35 Kilometer durch das Glen Garry ist die A 9 gut und breit ausgebaut, entsprechend lassen wir die BMW fliegen.

## Geschichtsträchtiges Areal

Kurz vor dem Pass of Killiecrankie liegt linker Hand das Blair Castle, ein Muss für den Schottland-Reisenden, der es noch nicht kennt. Für Besichtigungen geöffnet, gibt das Castle einen tollen Einblick in die Geschichte. Alleine die waffengespickte Eingangshalle lohnt schon den Besuch. Killiecrankie ist geschichtsträchtiger Boden. 1689 schlugen sich hier Regierungssoldaten und Highländer um die schottische Krone. Rund 3 000 Tote forderte das Gemetzel, an die heute ein Gedenkstein und das Infocenter erinnern.

Ist es schon spät am Tag und man möchte zurück nach Perth, lässt sich der Endpunkt der Route ab hier schnell und zügig über die A 9 erreichen. Ist noch Muße und Zeit zum Entdecken, so wie heute bei Kiki und mir, führt der Weg um das Loch Tummel und den herrlichen Aussichtspunkt Queen's View. Aberfeldy und Glen Cochill führen anschließend über schmale und einsame Nebenstrecken zurück nach Perth. Das ist zweifellos die interessantere Strecke, hier lassen sich Landschaft und Atmosphäre der Grampian Mountains nochmals so richtig genießen. ◂

## INFOS ZUR TOUR

### CHARAKTERISTIK

Hier gibt es von allem etwas: perfekt ausgebaute, breite Landstraßen für den schnellen Flug durch die Landschaft, schmale, kurvenreiche Nebenstrecken für Entdecker und traumhafte Panoramen rechts und links der Straße. Es geht bisweilen hoch hinaus, bitte warm anziehen. Und vor allem im Nationalpark sollte man einen Blick auf Schafe und andere Vierbeiner haben, die bisweilen über den Asphalt stromern.

### PÄSSE DER TOUR

Devil's Elbow, der 665 Meter hohe Pass südlich von Braemar ist ein beliebter Moppedtreff. Der Pass of Drumochter liegt am westlichen Zipfel der Rundfahrt und ist 462 Meter hoch. Der Pass of Killicrankie liegt bei Pitlochry und ist eigentlich eine Schlucht mit unterschiedlichen Höhenangaben..

### ÜBERNACHTUNG

**Ballater Caravan and Camping Park**
Anderson Road
Ballater, AB35 5QW
Großer und gut ausgestatteter Campingplatz in zentraler Lage mit freundlicher Atmosphäre.
**www.ballatercaravanpark.com**
**GPS** 57.046007, -3.040016

**Station Hotel**
1 Leonard Street
Perth, PH2 8HE
Sehr interessantes und gepflegtes Hotel in einem 250 Jahre alten viktorianischen Herrenhaus, dennoch modern eingerichtet, tolles Frühstück, nettes Team, zentrale Lage – einfach klasse.
**www.perthstationhotel.co.uk**
**GPS** 56.392622, -3.437910

### KOMBINATIONSMÖGLICHKEITEN

Im Nordwesten schließt sich fast direkt die Tour 3 an. Wer – kaum zu glauben – noch mehr Kilometer anhängen möchte, macht einen Abstecher nach Inverness oder im Norden der Tour an die Küste der Spey Bay bei Elgin.

**Nur ein Event** von vielen: das Dampfmaschinentreffen.

# Grampian Transport Museum

Nur wenige Meilen östlich der Tour 2, inmitten der herrlichen Landschaft von Aberdeenshire, liegt im kleinen Städtchen Alford das hochinteressante Grampian Transport Museum.

Unglaublich viele historische Fahrzeuge und Maschinen finden sich nebst Zubehör in den „Heiligen Hallen“ des Museums. Neben den permanenten Ausstellungsstücken gibt es nicht nur regelmäßig wechselnde temporäre Ausstellungen und Schwerpunktthemen, sondern auch eine große Reihe spannender Events und Treffen. Besonders interessant ist für die Leser dieses Buches natürlich das Thema Motorrad. Auch und gerade dazu finden sich im Grampian Transport Museum tolle Ausstellungsstücke.

## Seltene Modelle

Dazu gehören zum Beispiel die Freddy Cooper Norton Manx Triton, eine Ariel 500 Black Aerial von 1928 oder die seltene Vincent series C Rapide sowie Dutzende weitere höchst seltene

Modelle, die zum Teil über 100 Jahre alt sind. Natürlich gibt es auch zum Thema Motorrad wechselnde Ausstellungen, so wurde zum Beispiel zum Zeitpunkt des Druckes dieses Buches gerade eine Ausstellung über den legendären Rennfahrer Guy Martin, seine Erfolge und sein Leben gezeigt.

Auf der Seite **www.gtm.org.uk** informiert das Grampian Transport Museum ausführlich über den prall gefüllten Terminkalender. Abwechslungsreiche Veranstaltungen wie Flohmärkte rund ums Auto und Motorrad, Dampfmaschinentreffen, das Military Vehicle Tattoo, Oldtimer- und Supercar-Treffen, Landrover Rides oder das „Blaulicht-Treffen" diverser interessanter Einsatzfahrzeuge sorgen für Kurzweil.

Aber selbst wenn gerade kein Event auf dem Plan steht, wird es mit den vielen hundert Exponaten garantiert nicht langweilig. Außerdem gibt es noch eine Cafeteria, die täglich von halb elf bis halb fünf nachmittags geöffnet ist, sowie einen nicht weniger abwechslungsreichen Gift Shop, in dem sich attraktive Souvenirs und spannende Bücher erwerben lassen.

## Öffnungszeiten variieren

Das seit den frühen Siebzigern bestehende Museum ist üblicherweise vom 30. März bis Ende Oktober geöffnet. Da die Öffnungszeiten schon mal variieren, sollte man jedoch vorher einen Blick auf die Internetseite des Museums werfen. Der Eintritt kostet zehn Pfund pro Person, für größere Gruppen gibt es Ermäßigungen.

**Grampian Transport Museum**
Alford, Aberdeenshire AB33 8AE
T. +44 (0) 19 75 56 22 92
info@gtm.org.uk
**www.gtm.org.uk**
**GPS** 57.233404, -2.702493

**Eine Augenweide sind** die historischen Motorräder des Museums.

# Auf **Talfahrt**

Es ist legendär: In Schottlands zweitgrößtem und bekanntestem See – dem Loch Ness – wohnt Nessie, das See-Ungeheuer. Das haben wir zwar nicht entdeckt, aber dafür herrliche Motorradstrecken in toller Umgebung. Mit dem Glen Shiel und dem Glen Nevis gehören auch gleich zwei der schönsten Täler Schottlands zu dieser abwechslungsreichen Tour.

**Am Jacobite Monument** bei Glenfinnan.

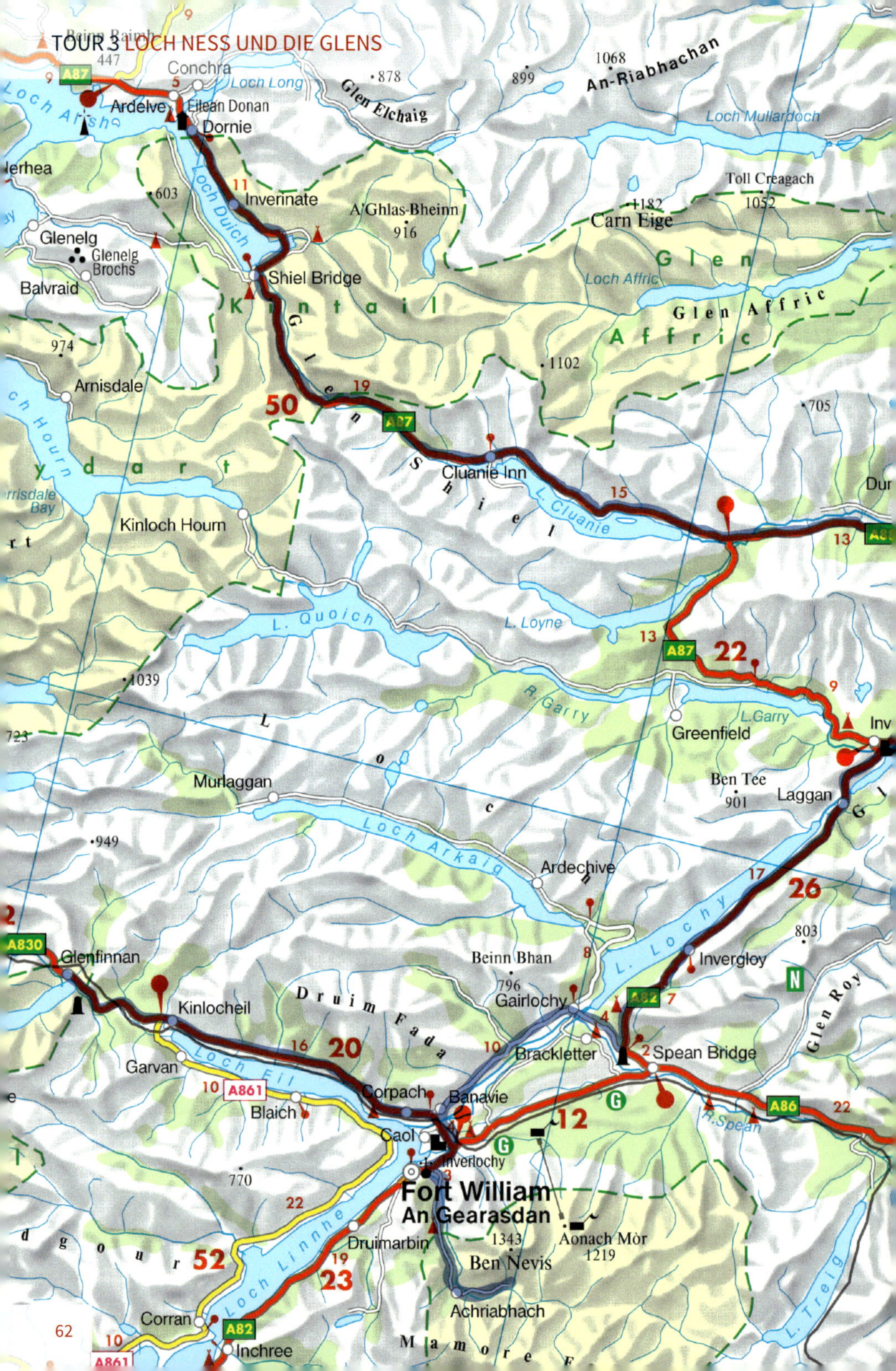
Conchra
Loch Long
Glen Elchaig
An-Riabhachan
Loch Mullardoch
Ardelve
Eilean Donan
Dornie
Loch Duich
Inverinate
A'Ghlas-Bheinn
916
Toll Creagach
1052
Carn Eige
1182
Glenelg
Glenelg Brochs
Balvraid
Shiel Bridge
Kintail
Glen Affric
Loch Affric
Glen Affric
Arnisdale
Glen Shiel
1102
50
A87
19
Cluanie Inn
L. Cluanie
15
13
Kinloch Hourn
L. Quoich
L. Loyne
13
A87
22
R. Garry
L. Garry
Greenfield
Ben Tee
901
Laggan
Murlaggan
Loch Arkaig
Ardechive
Loch Lochy
17
26
Invergloy
803
Beinn Bhan
796
Gairlochy
A82
Glen Roy
A830
Glenfinnan
Kinlocheil
Druim Fada
Garvan
Loch Eil
16
20
Brackletter
Spean Bridge
A861
Blaich
Corpach
Banavie
Caol
12
A86
R. Spean
22
Inverlochy
Fort William
An Gearasdan
770
22
Loch Linnhe
Druimarbin
1343
Ben Nevis
Aonach Mòr
1219
52
19
23
Achriabhach
L. Treig
Corran
A82
Inchree
Mamore

## TOUREN-STECKBRIEF

### START- UND ZIELORT

Dornie (57.276360, -5.514242)
Glenfinnan (56.871244, -5.437498)

### LÄNGE DER TOUR

ca. 240 km

### DAUER DER TOUR

7 Stunden

### ROADBOOK

Dornie, Invermoriston, Urquhart Castle, Inverness, Fort Augustus, Invergarry, Spean Bridge, Gairlochy, Fort William, Glen Nevis, Fort William, Glenfinnan.

### HIGHLIGHTS

Das faszinierende Tal Glen Shiel mit dem Loch Cluanie beeindruckt mit grandioser Landschaft (57.165799, -5.321853 / Abzweigung zur historischen Steinbrücke Eas-Nan-Arm Bridge)

Das Glen Nevis zu Füßen des höchsten Bergs Schottlands, dem Ben Nevis, ist nicht nur für Wanderer ein Muss (56.777433, -5.000844 Parkplatz am Talende).

Nicht spektakulär, aber nett – so lässt sich Dornie beschreiben. Das kleine Nest liegt direkt am Zusammenfluss von Loch Alsh, Loch Long und Loch Duich. Der unvermeidliche Pub, ein kleiner Laden, Hotel und Campingplatz, mehr braucht es nicht. Die eigentliche Attraktion liegt ein wenig außerhalb des Ortes und ist alleine schon fast eine Tour nach Schottland wert: das grandiose Eilean Donan Castle. Grund für Kiki und mich, eine Nacht auf dem kleinen Campingplatz von Dornie zu verbringen. Denn abends, wenn die Dunkelheit hereinbricht, wird das nur wenige Geh-Minuten entfernt liegende Castle spektakulär angestrahlt – ein toller Anblick, den wir uns nicht entgehen lassen wollen.

Es war etwa um 1220, als mit dem Bau der mächtigen Niederungsburg begonnen wurde. Einst diente sie als Schutz vor den ständigen Überfällen der Wikinger und wurde später viel umkämpftes Terrain im Konflikt zwischen verschiedenen Clans und den Engländern.

## Beliebter Drehort

Und wer kennt sie nicht aus den vielen kurzweiligen Filmen: Highlander, Braveheart, Prinz Eisenherz, Rob Roy und nicht zuletzt James Bond wurden hier gedreht und machten Eilean

**Geschichtsträchtiger Ort: das** Glen Shiel.

Auf der Suche nach Nessie am Loch Ness.

Donan Castle zum meistfotografierten Bauwerk Schottlands. Lange klettern Kiki und ich am Abend bei Ebbe in den Felsen rund um die erleuchtete Burg und ihre lange Zugangsbrücke herum, die bei Flut komplett überspült werden, ein tolles Erlebnis.

Am nächsten Morgen machen wir uns auf die Reifen, folgen dem Loch Duich in südöstlicher Richtung und erreichen schon bald über Shiel Bridge das Glen Shiel. Das wunderschöne Tal, eingefasst von mächtigen Bergrücken, wirkt still und friedlich. Nur ab und an kommt uns am frühen Vormittag ein Auto entgegen, obwohl die durch das Tal verlaufende A 87 die Hauptzufahrt zur Isle of Skye darstellt.

Aber es war hier nicht immer so ruhig. Im Gegenteil, hier, wo wir gerade durch grüne Idylle touren, zogen im Jahr 1719 mächtige Schwaden des Pulverdampfes durch die Luft, die erfüllt war vom Lärm der Kanonen und den Schreien der Kämpfer. Hunderte spanische Soldaten, verstärkt durch viele Clansmänner, meist Jakobiter, zogen gen Inverness. Und hier, wo heute ein braunes Hinweisschild und eine Gedenktafel stehen, stießen sie auf Regierungstruppen, die dem Marsch schnell und blutig ein Ende bereiteten.

## Wasserfall am Loch Ness

Fast übergangslos geht das Glen Shiel über in das Glen Moriston, dessen ebenfalls bildschöne grüne Talsohle nach rund 25 Kilometern in dem kleinen Ort Invermoriston direkt am Rand des Loch Ness endet. Hier rauscht das Wasser des Tales über einen kleinen Wasserfall direkt ins Loch Ness. Gut 50 Kilometer sind es von hier aus bis Inverness, die Hauptstadt des schottischen Verwaltungsbezirkes Highland.

Diese 50 Kilometer führen stets entlang des nordwestlichen Ufers des sa-

genumwobenen Loch Ness. Immer wieder fällt von der etwas höher liegenden Straße der Blick auf die glitzernde Wasseroberfläche des zweitgrößten Sees Schottlands. Natürlich ertappen wir uns immer wieder dabei, die Blicke auf der Suche nach Nessie über den See schweifen zu lassen. Aber es überrascht nicht wirklich: Bis wir bei Urquhart Castle ausrollen, haben wir das Seeungeheuer noch nicht entdeckt.

Als wir vor gut 25 Jahren zum ersten mal Urquhart Castle besuchten, waren wir an der Burgruine fast alleine, kletterten in dem alten Gemäuer herum und genossen die urige Stimmung und die Ruhe. Dieses Bild hat sich heute komplett gewandelt. Das große Besucherzentrum dürfte einer der meist-

**Urquhart Castle am** Ufer des Loch Ness.

besuchten Orte Schottlands sein, auf dem Busparkplatz stehen die Busse in langer Reihe und im Souvenirverkauf geht es zu wie beim Schlussverkauf. Es gibt viele Burgen und Orte in Schottland, die wir heute dem touristischen Treiben rund um Urqhhart Castle vorziehen.

Für heute reicht uns ein Blick über den Zaun, dann folgen wir weiter dem Seeufer und steuern Inverness an. Die

## AUTOREN-TIPP

**NESSIE** Das Ungeheuer aus dem Loch Ness – jeder kennt es, aber hat es wirklich schon mal jemand gesehen? Die Wahrscheinlichkeit ist äußerst gering. Aber dennoch taucht Nessie regelmäßig in der Presse auf, überwiegend während des Sommerlochs. Schon vor vielen hundert Jahren wurde über seltsame Sichtungen in Schottlands tiefstem See berichtet, aber so richtig populär wurde das Thema erstmals am 2. Mai 1933. Regionale Zeitungen veröffentlichten Berichte über die Sichtung eines großen Tieres. Mächtig in Schwung kam dann das Thema mit einem Foto, welches der Arzt R. K. Wilson angeblich im April 1934 gemacht haben will. Das berühmte Bild zeigt ein durch das Wasser gleitendes Tier mit schlangenähnlichem Hals. In der Daily Mail veröffentlicht, sollte es den echten Beweis für Nessies Existenz darstellen.

Immer wieder gehen seitdem Forscher und Fischer dem Phänomen auf den Grund, ohne jemals ernsthafte Belege für die Existenz eines Monsters vorlegen zu können. Auch die Behauptung, dass es sich um eine übrig gebliebene Gruppe von Plesiosauriern handeln könnte, scheint mehr als abwegig. Eine solche Population ist wohl nicht überlebensfähig und wäre bei den vielen Suchaktionen sicher schon längst entdeckt worden. Letztlich ist Nessie wohl doch das, was sowieso die meisten vermuten – eine ziemlich einträgliche und werbewirksame Legende.

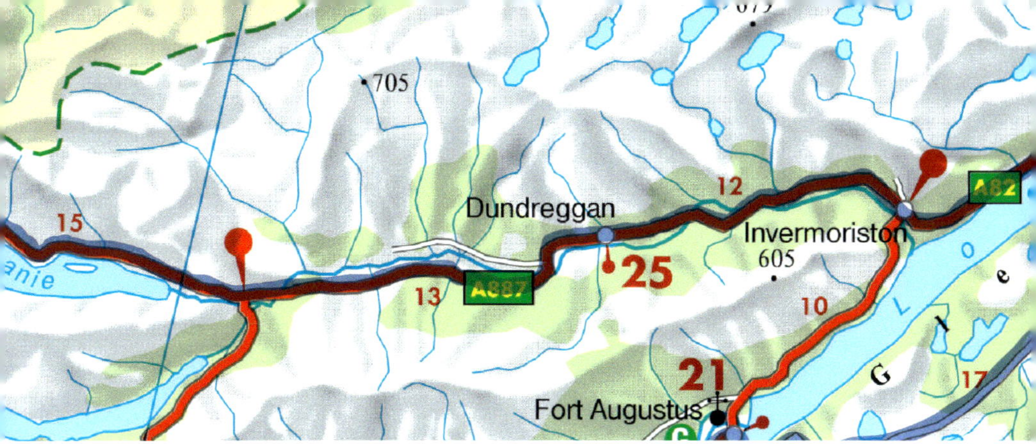


quirlige Stadt, übrigens die nördlichste in Großbritannien mit dem Status einer City, hat viel zu bieten und ist auch immer für eine Übernachtung und einen abendlichen Ausflug wert.

## Der echte Schottenrock

Das mächtige Inverness Castle, die Kathedrale, die Old High Church und nicht zuletzt der Victorian Market, das überdachte Einkaufszentrum aus dem 19. Jahrhundert mit seinen interessanten Arkaden, laden zum Besuch. Wer möchte, verschafft sich im Scottish Kiltmaker Visitor Centre in der Huntly Street einen Überblick über die Geschichte traditioneller schottischer Bekleidung. Wem ein echter Schottenrock zu teuer ist, der kann sich hier übrigens für 50 Pfund pro Nacht auch einen Kilt ausleihen.

Da der Rock fürs Motorradfahren eher unpraktisch ist, lassen Kiki und ich die Anprobe für heute außen vor und besuchen lieber das Dores Inn etwas außerhalb direkt am Flussufer des Ness. Hier gibt es vom Sandwich über leckere Suppen bis zum schottischen Nationalgericht Haggis alles, was der Bauch begehrt, noch dazu in schöner Lage.

Gut gestärkt lassen wir Inverness hinter uns und folgen wieder dem Ufer des Loch Ness, diesmal auf der südöstlichen Seite. Die gut 60 Kilometer lange Straße bis Fort Augustus am Südende des Loch Ness ist wesentlich schmaler als ihr gegenüber liegendes Pendant und zum größten Teil eine Single Track Road. Das sind in Schottland einspurige Straßen, die in meist regelmäßigen Abständen sogenannte

**Inverness, die Hauptstadt** der Highlands.

Passing Places haben. Wer bei einer Begegnung zuerst einen Passing Place erreicht, weicht darin aus und lässt den Begegnungsverkehr passieren. Die Ausweichstellen sind auch dafür gedacht, schnellere Fahrzeuge überholen zu lassen. Das funktioniert meistens auch prima. Gerade von hinten heranfahrenden Motorradfahrer machen die Schotten schnell und freundlich Platz.

Unwissende Touristen erkennt man bisweilen daran, dass man sie dafür erst mit der Lichthupe aufwecken

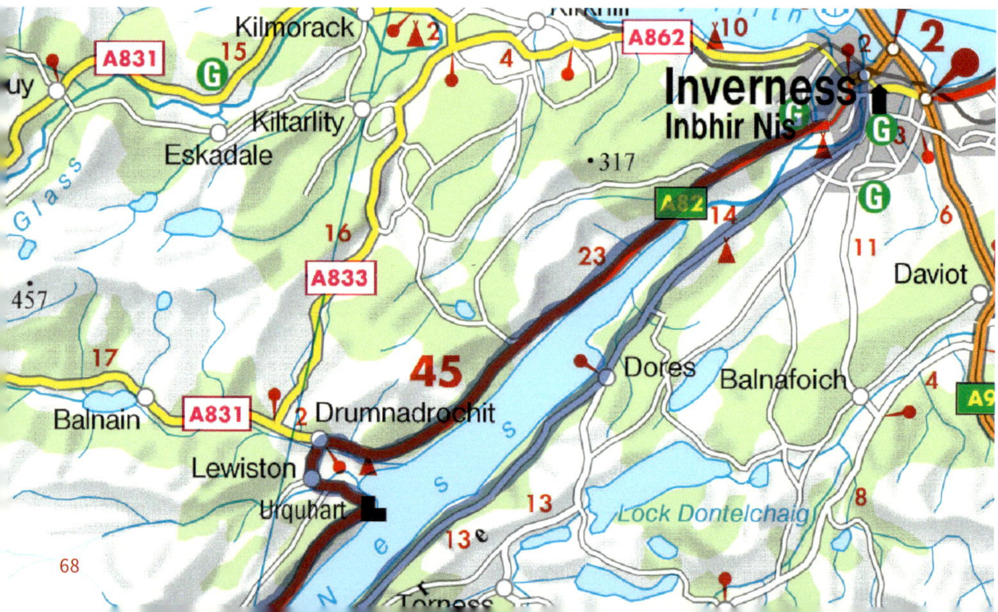

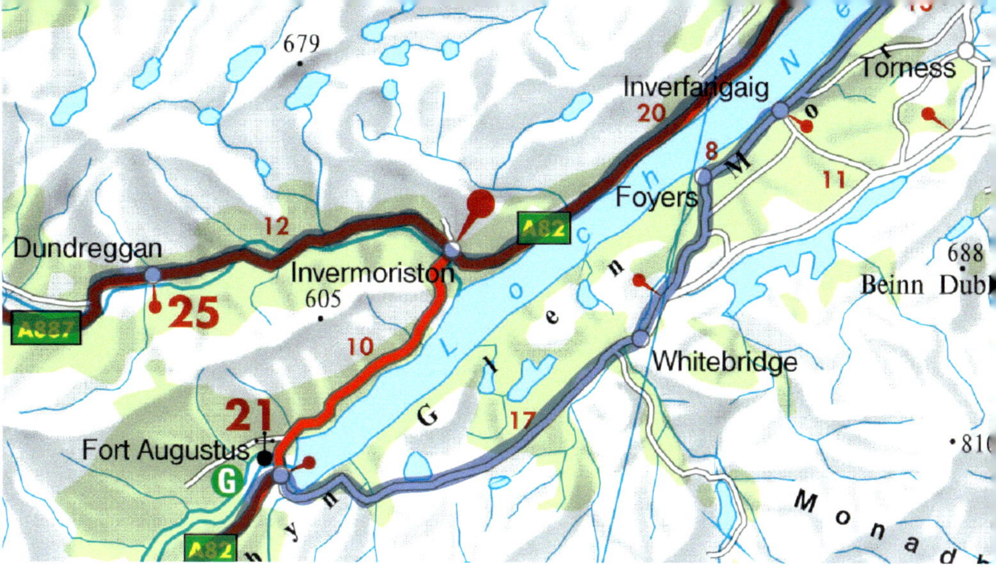


muss oder dass diese ihre Autos in den Haltebuchten parken, was natürlich ausdrücklich verboten ist. Noch ein Hinweis: Auch für eine Begegnung zwischen einem womöglich noch mit Koffern bestücktem Motorrad und einem Auto ist die Single Track Road oft zu schmal. Man sollte es im eigenen Interesse gar nicht erst probieren.

Bei Fort Augustus stößt die enge Uferstraße wieder auf die gut ausgebaute A 82. Das nette Städtchen ist vor allem durch seine mehrstufige Schleusenanlage bekannt. Durch die müssen alle Bootsfahrer hindurch, die vom Kaledonischen Kanal in das Loch Ness einfahren wollen. Gleich am Schleusenkanal stehen viele Bänke und Tische, an denen sich die leckeren Scones aus den umliegenden Cafés genießen lassen. Es macht einfach Spaß, dem Treiben an den Schleusen-

**Anker lichten zur** Rundfahrt auf Loch Ness.

**Urige Hängebrücke am** Loch Oich.

kammern zuzuschauen, so mancher Freizeitkapitän kämpft hier heftig mit der Manövrierbarkeit seines Mietbootes. Besonders interessant wird es aber, wenn die großen Ausflugsschiffe einparken, bei denen nur wenige Zentimeter Platz rechts und links in der Schleusenkammer übrig bleibt. In Fort Augustus starten diese Ausflüge in den Kanal und ins Loch Ness täglich und diese Bootstouren sind ein echtes Erlebnis.

Entlang des Caledonian Canal lassen wir Loch Ness hinter uns, passieren Invergarry am Loch Oich. Hier führt eine alte Drehbrücke über das Wasser. Noch interessanter ist aber die daneben liegende Old Bridge of Oich, eine 44 Meter lange und schwankende Kettenbrücke, die 1855 fertiggestellt wurde. Wer seine Mitmenschen erschrecken möchte, bringt die Konstruktion durch kräftiges Wippen in Schwung.

Das Loch Lochy führt uns weiter in Richtung Süden, bis kurz vor dem kleinen Ort Spean Bridge linker Hand das Commando Memorial auftaucht. Das in einer traumhaften Landschaft zu Füßen des mächtigen Ben Nevis liegende Denkmal wurde 1952 durch die Queen eingeweiht und ehrt die Soldaten der britischen Kommandos, die ihr

Leben im Zweiten Weltkrieg verloren. Nicht verpassen sollte man hier die Abzweigung auf die schmale B 8004, die zurück ans Loch Lochy und weiter in den Ort Gairlochy führt. Einsam und wenig befahren schlängelt sie sich durch bergiges Grün, stets begleitet vom links der Straße emporragenden Massiv des Ben Nevis, des höchsten Bergs Schottlands.

Dem kommen wir stetig näher und in Fort William folge ich schließlich den Schildern ins Glen Nevis. Durchflossen vom River Nevis ist dieses Tal eines der beliebtesten Wandergebiete der Highlands. Das wundert uns nicht, Kiki und ich sind begeistert, nicht nur von der tollen Streckenführung, Die steilen Hänge des Ben Nevis ragen gleich neben dem Asphalt in die Höhe, das Wasser der vielen kleinen Bergbäche sprudelt über die Felsen, weiß leuchtende Birkenstämme huschen an uns vorbei. Bei den Lower Falls, einem kleinen, rauschenden Wasserfall, halte ich. Zu Fuß erkunden wir ein Stück der spannenden und engen Wanderwege, die im weiteren Verlauf in Richtung des mächtigen Berggipfels führen.

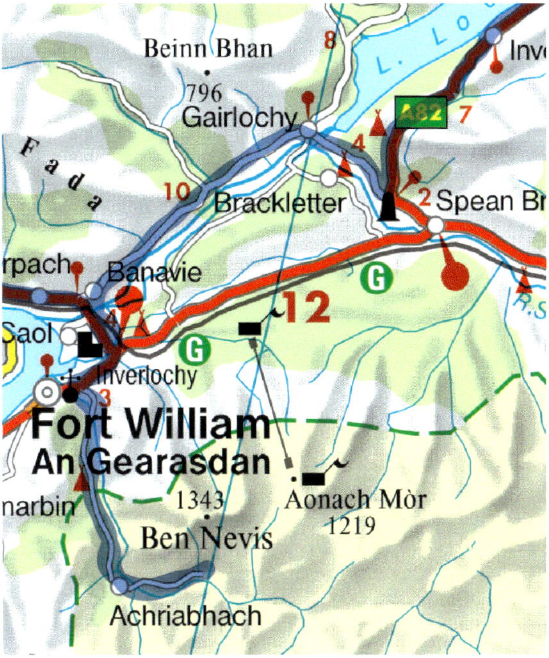

## Mächtiges Monument

Die letzte Etappe für heute führt uns schließlich mit dem Ben Nevis im Rücken weiter nach Westen entlang des Loch Eil. Zügig geht es auf der A 830 nach Glenfinnan, an den nördlichen Rand des Loch Shiel. Dort, am Seeufer, steht seit 1815 das mächtige Glenfinnan Monument. Es erinnert daran, dass genau hier 1745 Prinz Charles Edward Stuart seine Standarte hisste,

**Glen Nevis ist** Wander- und Mopped-Paradies.

**Nicht nur bei** Harry Potter-Fans bekannt: das Glenfinnan-Viadukt.

was den Beginn der zweiten Jakobiterrevolte bedeutete. Acht Monate später wurde er zwar bei der legendären Schlacht bei Culloden geschlagen, dennoch gelang ihm hier an genau der gleichen Stelle mit einer französischen Fregatte die Flucht.

Die komplette Geschichte dazu gibt's im nahe gelegenen Besucherzentrum. Wer dort den steilen Aufstieg in Angriff nimmt, genießt übrigens bald den Anblick des Glenfinnan-Viadukts. Dieses mächtige 380 Meter lange Brücken-Bauwerk ist allen Harry Potter-Fans bestens bekannt, dampfte doch hier in fast allen Folgen der Hogwarts-Express über den River Finnan. Tatsächlich rollt auch heute der dampfgetriebene Sonderzug „The Jacobite" über die legendäre Brücke. Für uns hat es sich für heute in Glenfinnan an den Ufern des Loch Shiel ausgerollt. ◂

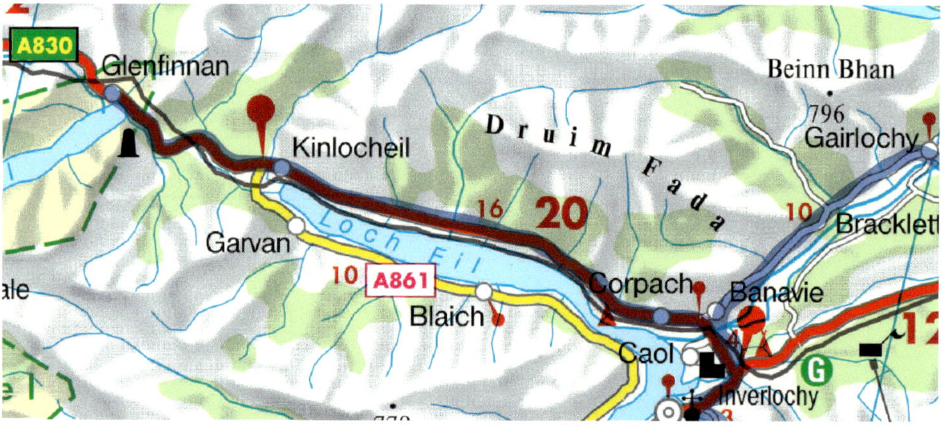

## INFOS ZUR TOUR

### CHARAKTERISTIK

Einige der schönsten Landschaften der Highlands stehen auf dieser Tour auf dem Programm. Auf gut ausgebautem Asphalt geht es durch breite, weite Täler, wenig später zirkelt man auf einspurigen und anspruchsvollen Single Track Roads durch urige Einsamkeit – Abwechslung ohne Ende. Dazwischen gibt es wie immer reichlich zu sehen. Nicht zuletzt das tiefe, dunkle Loch Ness und wer weiß, vielleicht auch ein echtes Seeungeheuer.

### PÄSSE DER TOUR

Diese Tour besticht durch fantastische Talstrecken entlang einer ganzen Reihe Lochs und muss daher ganz ohne Pässe auskommen. Das tut der Faszination aber keinen Abbruch.

### ÜBERNACHTUNG

**Best Western Inverness Palace Hotel**
8 Ness Walk
Inverness, IV3 5NG
Perfekt und sehr freundlich geführtes Hotel mit prima Ausstattung direkt gegenüber des Inverness Castle. Es bietet sowohl ein Spa als auch ein Restaurant. Von hier aus braucht man zu Fuß nur fünf Minuten zu Fuß ins Zentrum. Unser Tipp: unbedingt ein Zimmer mit Burgblick buchen.
**www.invernesspalacehotel.co.uk**
**GPS** 57.475974, -4.227955

**Alexandra Hotel**
The Parade
Fort William, PH33 6AZ
Ein beeindruckendes Hotel in bester, zentraler Lage. Das tolle Team bietet klasse Service, schöne Zimmer und wirklich gutes Essen. Hier fühlt man sich wohl.
**www.strathmorehotels-thealexandra.com**
**GPS** 56.819649, -5.106786

### KOMBINATIONSMÖGLICHKEITEN

Östlich liegt Tour 2, westlich schließen direkt Tour 6 auf die Isle of Skye und die Tour 7 nach Mull an. Für zusätzliche Kilometer könnte ein Abstecher ans Loch Linnhe im Süden der Tour führen.

PS
H 353

# Hoch im **Norden**

Idylle, Natur pur, Abgeschiedenheit: So lässt sich diese Runde durch die extrem dünn besiedelte Grafschaft Sutherland charakterisieren. Auf schmalen Single Track Roads geht es entlang hoher Klippen und einladender Sandstrände, vorbei an tiefen, dunkelblauen Seen und durch karges, baumloses Land.

**Küstenstraße südlich von** Lochinver.

## TOUREN-STECKBRIEF

### BASISORT
Durness (58.568489, -4.743365)

### LÄNGE DER TOUR
ca. 310 km

### DAUER DER TOUR
7 Stunden

### ROADBOOK
Durness, Laxford bridge, Scourie, Unapool, Ardvreck Castle, Lochinver, Drumrunie, Ullapool, Drumrunie, Ledmore, Oykel Bridge, Lairg, Altnaharra, Tongue, Loch Eriboll, Durness.

### HIGHLIGHTS
Die anspruchsvolle und schmale Küstenstraße zwischen Lochinver und Drumrunie ist Herausforderung und Erlebnis gleichermaßen (GPS 58.142334, -5.236933 / Ortsausgang Lochinver).

Nicht weniger faszinierend aber deutlich länger ist die Strecke durch die Highlands von Lairg nach Tongue. Es ist der Schottland-Klassiker schlechthin (GPS 58.280794, -4.442533 / etwa mittig bei Altnaharra).

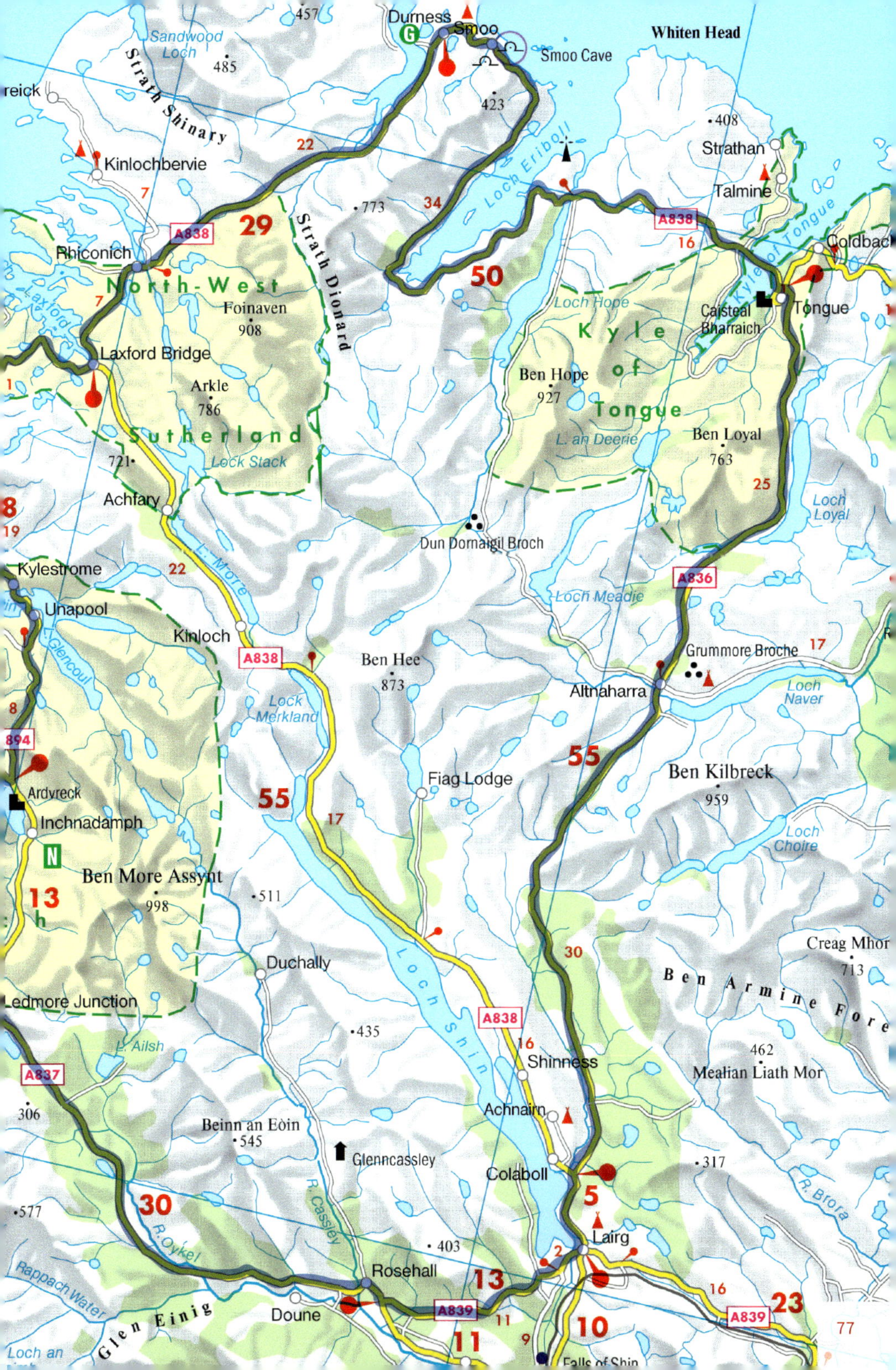
Durness
Smoo
Smoo Cave
Whiten Head
Sandwood Loch
Strath Shinary
Kinlochbervie
Rhiconich
North-West
Sutherland
Foinaven
908
Laxford Bridge
Arkle
786
Lock Stack
Achfary
Strath Dionard
Loch Eriboll
Strathan
Talmine
Coldbac
Tongue
Caisteal Bharraich
Kyle of Tongue
Loch Hope
Ben Hope
927
L. an Deerie
Ben Loyal
763
Loch Loyal
Dun Dornaigil Broch
Loch Meadie
Kylestrome
Unapool
Kinloch
L. Glencoul
L. More
Lock Merkland
Ben Hee
873
Grummore Broche
Altnaharra
Loch Naver
Ardvreck
Inchnadamph
Ben More Assynt
998
Fiag Lodge
Ben Kilbreck
959
Loch Choire
Duchally
Loch Shin
Creag Mhor
713
Ben Armine Fore
Ledmore Junction
L. Ailsh
Shinness
Mealian Liath Mor
462
Achnairn
Beinn an Eòin
545
Glenncassley
Colaboll
R. Cassley
R. Brora
R. Oykel
Lairg
Rosehall
Rappach Water
Glen Einig
Doune
Loch an
Falls of Shin
A838
A836
A837
A839
894

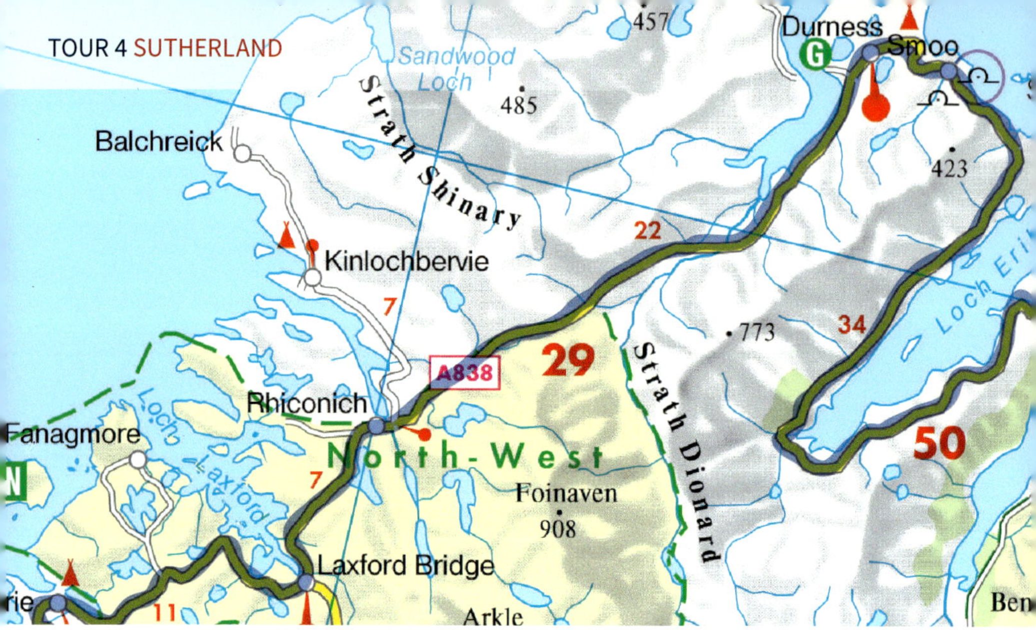


Windig war es heute Nacht. Ordentlich gerüttelt hat der Wind an unser Zelt, und zwischendurch vermischte sich das Rauschen der Böen mit dem ungleichmäßigen Prasseln der Regentropfen.

Kein Problem, eingepackt im warmen Schlafsack wirkt die Geräuschkulisse auf Kiki und mich eher beruhigend und einschläfernd. Heute Morgen ist nichts mehr zu sehen und zu hören von dem Unwetter. Im Gegenteil – die rote Zeltbahn leuchtet in der aufgehenden Sonne und deren kräftige Strahlen wärmen schon die Luft in unserem Stoffhaus. Ein paar Minuten später faucht schon der Gaskocher unter einem blauen Himmel und es riecht nach Kaffee. So muss ein Schottlandurlaub sein!

**Sango Sands Beach** ist der perfekte Camping-Platz.

## Nordwestlicher Vorposten

Unser Zelt steht auf dem Sango Sands Beach bei Durness. Bildschön am Sandstrand gelegen, ist das 400 Seelen-Dorf einer der nordwestlichsten Vorposten Schottlands und nur wenige Kilometer vom Cape Wrath entfernt, der nordwestlichsten Ecke Schottlands, die weit hinaus in den Atlantik ragt. Mit ein bisschen Glück lassen sich von den Klippen rund um den Ort Seehunde und Wale beobachten, Seevögel kreuzen durch die Windböen und weiß rauschende, mächtige Wellen krachen gegen die Felsen oder laufen in langen Linien an den einladenden Sandstränden aus.

Gestern hatten wir das Motorrad stehen gelassen, waren zu Fuß den schmalen Wanderwegen an der Küste gefolgt und hatten einen Blick in die Smoo Cave geworfen. Die riesige, urige Karsthöhle in den Klippen östlich von Durness liegt am Ende einer kleinen Sandbucht. Durch ein Loch in der Decke der Höhle rauscht der Bach Allt Smoo als Wasserfall in ein tiefes Becken, was besonders nach kräftigen Regenfällen zu einem interessanten Naturschauspiel wird.

**Urige Sandbuchten locken** bei Durness.

## Umsichtige Fahrweise

Heute steht bei uns aber wieder Motorradfahren auf dem Plan. Also schwingen wir uns aufs Mopped, schauen noch kurz beim örtlichen Lebensmittelladen vorbei, um alle Zutaten für ein erholsames Picknick unterwegs mitzunehmen und verlassen schließlich den Ort in Richtung Südwesten. Wie so viele Strecken in den nördlichen Highlands ist auch die Straße in Richtung Scourie eine Single Track Road. Aber wie schon geschrieben, dank der umsichtigen Fahrweise der meisten Schotten ist auch das kein Problem.

Die schmale A 838, eine von nur zwei Straßen, die nach Durness führen, schlängelt sich gleich am Ufer der Meeresbucht Kyle of Durness entlang. Nur wenige Meter trennen uns vom in

**Single Track Road** an der Nordküste.

### TIPP DES AUTORS

Legendär und lecker sind die berühmten **FISH'N'CHIPS**. Sie sind unverzichtbarer Bestandteil der Küche des Vereinigten Königreichs. Unserer ganz persönlichen Erfahrung nach ist die schottische Variante sogar noch ein bisschen leckerer als die ihrer englischen Nachbarn. Nicht ganz umsonst geht die jährliche Auszeichnung für die besten Fish'n'Chips regelmäßig an schottische Lokale. Der frittierte Fisch mit seiner leckeren, meist streng geheimen Panade ist ein echter Hochgenuss. Traditionell handelt es sich dabei meist um Kabeljau (Cod). Zur Auswahl stehen oft auch Schellfisch (also Haddock) oder Seelachs (Pollock). Bisweilen wird auch Scholle angeboten, die nennt sich dann auf Englisch Plaice.

Die Chips werden meist aus regionalen Kartoffelsorten zubereitet. Meist werden sie als „salt 'n' vinegar" gereicht, also mit Salz und Essig. Zum Mitnehmen wurden Fish'n'Chips ursprünglich in einer Zeitung eingerollt und mitgegeben. Heute wird die Zeitung meist durch weißes Papier ersetzt.

Die Tradition der Fish'n'Chips entstand relativ spät. Als wahrscheinlich gilt, dass in den 1850er Jahren in London, im damaligen Zentrum des Fischhandels, die ersten Fish'n'Chips-Läden eröffneten. Angeblich war übrigens der erste Fast Food-Lieferservice überhaupt ein findiger Fish'n'Chips-Verkäufer aus dem nordenglischen Keighley, der ab 1936 vom Beiwagen seines Motorrades aus die leckere Mahlzeit auf den Baustellen der neu entstehenden Arbeitersiedlungen verkaufte.

der Sonne glitzernden Wasser. Kleine sandige Abschnitte wechseln sich mit von Algen bedeckten Felsen und Steinen ab. Frische, salzige Meerluft zieht in den Helm. Linker Hand gleitet offenes, baumloses, von Heide und Gras bedecktes Land an uns vorbei. Gespickt von unzähligen in der Sonne weiß leuchtenden Schafen.

## Kopflose Wollknäuel

Die treiben sich auch auf der Straße herum. Offenbar sind sie an vorbeifahrende Autos gewöhnt und lassen sich beim Grasen am Rand des Asphalts nicht stören, solange die Autos in Bewegung sind. Anders anscheinend bei Motorrädern. Mehr als einmal springt eines dieser Wollknäuel beim Passieren plötzlich auf und spurtet los. Dummerweise nicht immer weg von der Straße. Besonders der Nachwuchs wirkt bisweilen ziemlich kopflos und rennt auch schon mal direkt auf den Asphalt.

Rhiconich steht auf dem Schild bei der Abzweigung nach Kinlochbervie.

**Langsam fahren wegen** der kleinen Vierbeiner, denn Schafe tummeln sich nicht selten auch mitten auf der Straße.

Dabei soll es sich wohl um einen Ort handeln. Der besteht aber, wie so viele Örtchen hier oben im Norden, aus gerade mal zwei bis drei Häusern – Einsamkeit pur. Weiter geht es auf der „North & West Highlands Tourist Route“ gen Süden, zur Abwechslung auch mal wieder zweispurig, gut ausgebaut und griffig. Es macht einfach Laune durch diese Landschaft zu rauschen und auch mal wieder ordentlich am Gasgriff zu drehen.

Bei Laxford warnen große, weiß auf die Fahrbahn gemalte Buchstaben „SLOW“ vor der engen Brücke, die nur einspurig über den River Laxfors führt, dann geht es schon wieder zügig weiter. Wir passieren Scourie, auch hier gibt es einen schönen Campingplatz direkt am Meer, und Unapool. In zackiger Schräglage geht es über die Kylesku Bridge, die in engen Bogen die schmale Meeresbucht überquert. Nur 1000 Meter weiter lockt uns das „Rock Stop Café and Exhibition Centre“ von der Straße. Im kleinen und gemütlichen Café gönnen wir uns, wie sollte es anders sein, zwei leckere hausgemachte Scones mit Konfitüre.

**Spektakuläre Aussicht am** Kyle of Durness.

Nebenbei erfährt man hier auch so einiges über die Geologie der Region, informativ und nett gemacht.

## Eindrucksvolle Ruine

Wenige Minuten später endet die A 894 direkt am Ufer des Loch Assynt. Eigentlich müssten wir rechts abbiegen, wollen wir doch auf keinen Fall die spannende Runde durch das Inver Valley verpassen. Aber erst setze ich den Blinker links und wir folgen für wenige Meter dem Ufer des Assynt. Schon von hier ist unser Ziel zu sehen: Ardvreck Castle. Oder besser gesagt, das, was von übrig geblieben ist.

An der kleinen Halbinsel lasse ich das Motorrad ausrollen und zu Fuß laufen wir die letzten hundert Meter am Sandstrand entlang bis zur Ruine der kleinen Burg. Um 1490 erbaut, hat Ardvreck Castle eine bewegte Geschichte hinter sich. Hier wurde gekämpft und belagert, Intrigen geschmiedet und gemordet. Der

**Im Ardvreck Castle** soll es spuken.

**Das fließend kalte** Wasser im Hochmoor hat Trinkwasser-Qualität.

erste Marquess of Montrose, James Graham, suchte hier einst Schutz, wurde jedoch von den MacLeods, denen die Burg damals gehörte, verraten und später in Edinburgh hingerichtet. Einige Bewohner um das Loch Assynt schwören heute Stein und Bein, dass James Graham in so mancher mondlosen Nacht in der Ruine umhergeht, auf der Suche nach den Verrätern. Vielleicht ganz gut, dass wir tagsüber hier sind. Vom Marquess ist weit und breit nichts zu sehen, also machen wir uns wieder auf die Reifen und steuern Lochinver an.

Der Hafenort liegt an der Mündung des River Inver, besonders bei Touristen ist er als Anlaufort in der Region Sutherland recht beliebt und hat trotz seiner Beschaulichkeit einiges zu bieten. Die zerklüftete Küste mit ihren teils skurrilen Felsformationen und der Leuchtturm sind beliebte Wanderziele, die Kirkaig Wasserfälle und das Besucherzentrum Knockan Crag locken in der näheren Umgebung. Im Ort und am Hafen lassen sich prima die Beine vertreten und die Pubs und Restaurants laden zur erholsamen Pause. Erholung ist gut, denn südlich von Lochinver geht es richtig ins Eingemachte.

## Extrem schmale Straße

Entlang der Enard Bay und des Loch Lurgainn windet sich der Asphalt als extrem schmale Straße in unvergleichlicher Weise durch die hügelige und felsige Landschaft. Eng und einspurig geht es teilweise direkt am Wasser entlang. Manchmal nur mit einem kniehohen Mäuerchen begrenzt, geht es gleich dahinter drei, vier Meter tief ans Ufer hinunter. Wer hier mit etwas Tempoüberschuss unterwegs ist, kann in ernsthafte Probleme kommen. Aber

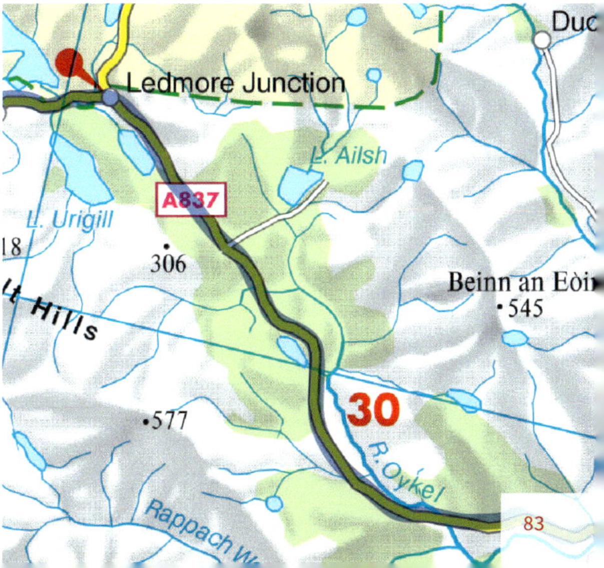

Viking legacy
Dileab nan Lochlannach

Aussichtspunkt an der Badcall Bay.

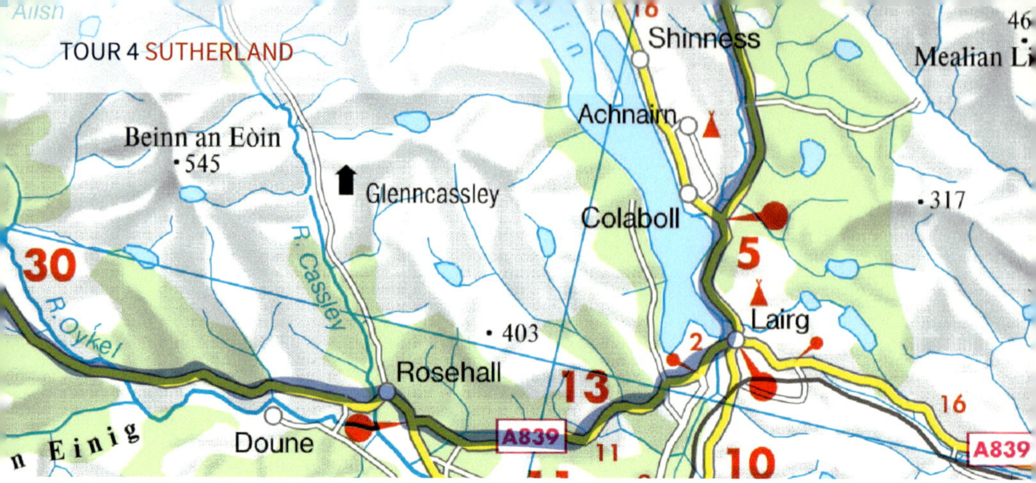


ehrlich, diese Strecke sollte sowieso mit Muße genossen werden. Wer hier unterwegs ist, denkt gerne und lange an die schottische Küste zurück, garantiert!

Bei Drumrunie, einer „Ortschaft", die aus nicht viel mehr als einer Bushaltestelle besteht, erreichen wir wieder die A 835. Die folgenden, gut ausgebauten und zweispurigen 15 Kilometer bis Ullapool sind als Erholung von der wilden, hinter uns liegenden Achterbahn auch nötig. Tankstelle, Museum, Läden, Pubs und Restaurants, Hotels und Jugendherberge – Ullapool gilt als die größte Siedlung der nordwestlichen Highlands.

**Kleine Nebenstrecke an** der Badcall Bay.

## Hafen der Heringsfänger

Das direkt am Loch Broom liegende Hafenstädtchen wurde ursprünglich als Hafen für die Heringsfänger gegründet und auch heute liegen hier noch viele Fischerboot im Hafen. Zudem legt hier die Fähre nach Stornoway, dem Hauptort auf der Insel Lewis ab, die schon zu den Äußeren Hebriden zählt. Und – nicht ganz unwichtig – in Ullapool gibt's köstliche Fish'n'Chips, die sich hervorragend auf den Bänken an den Hafenmolen genießen lassen. Aufpassen muss man dabei nur auf die Möwen, die sich im unbeobachteten Moment schon mal gerne auf die Kartoffeln stürzen.

Für uns ist Ullapool für heute der südliche Wendepunkt unserer Rundtour. Etwas ab vom Zentrum erholen wir uns beim Picknick, strecken die Motorradfahrerbeine auf unserer Picknickdecke aus und genießen die herrliche Seeluft und Ruhe, bevor wir kehrt machen und bis Drumrunie zurück kurven. Dort, wo wir vorhin aus der wilden Küstenstrecke kamen, bleiben wir vorerst auf der A 835, um später bei Ledmore auf die A 837 in Richtung Lairg abzubiegen.

Das Tal nennt sich Strath Oykel und die schmale Single Track Road gehört zu den verkehrsärmsten der Region. Keine fünf Autos kommen uns zwischen Ledmore und Lairg entgegen, Der angekündigte Ort Oykel Bridge besteht aus nicht viel mehr als einer einsamen roten Telefonzelle am Straßenrand und der besagten Brücke über den River Oykel. Die gibt es dafür gleich doppelt. Gleich neben der neueren Überquerung liegt noch die uralte Steinbogenbrücke, die heute nur noch einen unbefestigten Feldweg trägt.

## Lecker und erschwinglich

Lairg, malerisch am Loch Shin gelegen, lockt neben zwei, drei kleinen Läden mit einem recht netten Restaurant. Im The Pier, gleich an der Hauptstraße gelegen, gibt es nicht nur köstliche Kuchen, sondern auch leckere andere Gerichte zu erschwinglichen Preisen. Kiki und ich gönnen uns einen heißen, schwarzen Kaffee und einen schmackhaften „Cheesecake with ice cream".

Lairg entlässt uns, das kann man wirklich sagen, auf den folgenden 40 Meilen, also rund 65 Kilometern, auf eine der schönsten Strecken Schott-

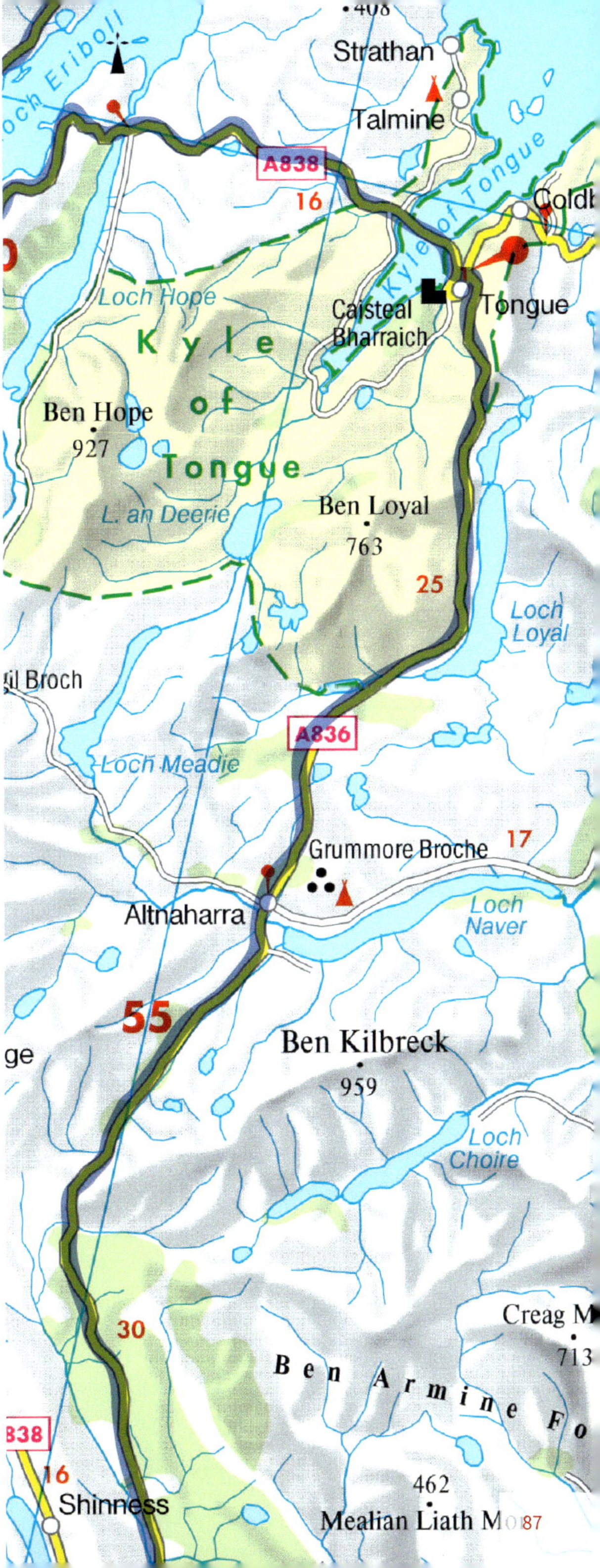

lands. Hier herrscht pures Highland-Feeling. Die grandiose Single Track Road führt durch scheinbar unendliches, hügeliges Land. Berghänge in allen denkbaren Grüntönen begleiten uns rechts und links der Strecke, weiß schäumend begleitet uns der sprudelnde Bergbach River Vagastie neben der Straße, relaxt grasende Schafe an seinen steinigen Ufern.

Vorbei an Loch Naver und Loch Loyal geht es gen Norden in Richtung Küste, wo wir über Tongue bald den Bogen um Loch Eriboll schlagen. Loch Eriboll ist ein gut 15 Kilometer langer Meeresarm, der tief in die Highlands führt. Seit Jahrhunderten als riesiger natürlicher Hafen genutzt, kam ihm zum Ende des Zweiten Weltkrieges nochmals besondere Bedeutung zu. Alle deutschen im Nordatlantik operierenden U-Boote wurden hierhin befohlen, um sich den Alliierten zu ergeben. Im Mai 1945 liefen hier über 30 U-Boote ein, deren Bewaffnung sofort abgebaut und im Loch Eriboll versenkt wurde.

Rund um den Meeresarm steuere ich schließlich die BMW wieder zurück nach Durness und mache damit die Sutherland-Runde komplett. ◂

**Relaxen am Loch** Assynt.

## INFOS ZUR TOUR

### CHARAKTERISTIK

Highland-Feeling pur und die schönste und anspruchsvollste Küstenstrecke stehen bei dieser Runde auf dem Plan. Stellenweise nicht ganz einfach zu fahren, herausfordernd, aber bildschön und erlebnisreich sind die Single Track Roads in Sutherland, der nordwestlichsten Region Schottlands. Von dieser Rundtour wird garantiert noch lange erzählt. Die Fahrt ist ein Erlebnis der ganz besonderen Art.

### PÄSSE DER TOUR

Pässe und hohe Berge gibt es hier nicht. Deren Fehlen wird aber von dieser grandiosen Strecke mehr als kompensiert.

### ÜBERNACHTUNG

**Camping Sango Sands Oasis**
Sango Bay
Durness, IV27 4PZ
Ein wunderschön, weil direkt am Sandstrand gelegener Campingplatz mit toller, moderner Ausstattung und sehr schönen Plätzen. Dazu wird ein klasse Service geboten. Uns hat es hier außerordentlich gut gefallen.
**www.sangosands.com**
**GPS** 58.568489, -4.743365

**Altnaharra Hotel**
Altnaharra by Lairg, IV27 4UF
Einladendes Haus mit netten Zimmern und sehr gutem Restaurant, seit 200 Jahren „irgendwo im Nirgendwo" in absoluter aber bildschöner Alleinlage an einer der schönsten Routen Schottlands.
**www.altnaharra.com**
**GPS** 58.280794, -4.442533

### KOMBINATIONSMÖGLICHKEITEN

Diese grandiose Runde lässt sich direkt mit der südlich liegenden Tour 5 kombinieren. Wer noch mehr Kilometer hinzufugen möchte, ergänzt noch um den östlich liegenden Strathy Point an der Küste.

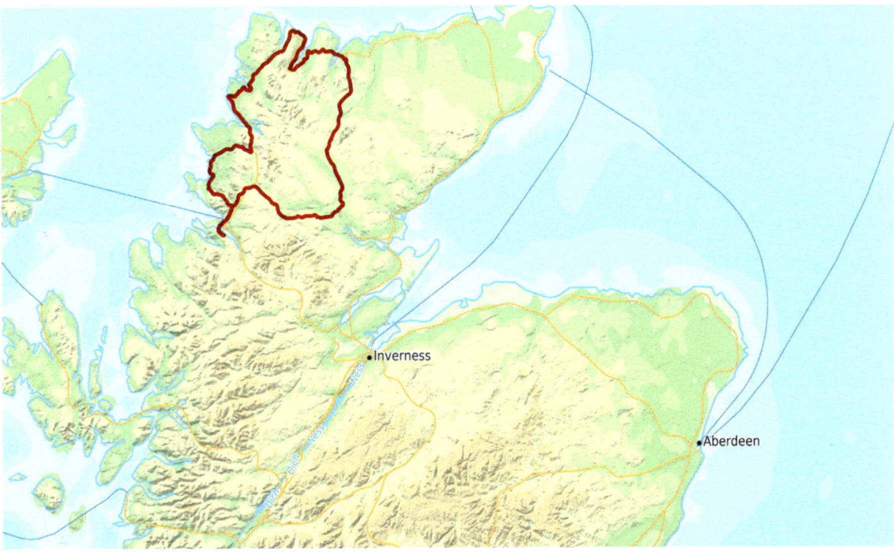

# Küste, Kurven, **Kehren**

Schottlands anspruchsvollster Bergpass liegt auf dieser Rundreise durch das Wester Ross in einer unglaublichen Landschaft. Herausfordernde Single Track Roads und spektakuläre Küstenstraßen machen diese Runde zu einem unvergesslichen Erlebnis. Das Wester Ross bleibt garantiert lange im Gedächtnis.

**Rampe zum Bealach** na Bà, Schottlands spannendstem Pass.

## TOUREN-STECKBRIEF

### BASISORT
Ullapool GPS 57.895281, -5.160566

### STRECKENLÄNGE
ca. 335 km

### DAUER DER TOUR
8 Stunden

### ROADBOOK
Ullapool, Dundonnell, Laide, Tournaig, Poolewe, Gairloch, Kinlochewe, Torridon, Shieldaig, Fearnmore, Applecross, Pass Bealach na Bà, Lochcarron, Achnasheen, Garve.

### HIGHLIGHTS
Die Fahrt über Schottland spektakulärste Passstraße in traumhafter Landschaft ist ein tolles Erlebnis (GPS 57.418943, -5.708368 / Bealach na Bà Viewpoint).
Die Küstenstraße entlang des Loch Ewe im Nordwesten des Wester Ross glänzt mit reichlich Fahrspaß und fantastischen Panoramen (GPS 57.818268, -5.582184 / Aussichtspunkt an der Isle of Ewe).

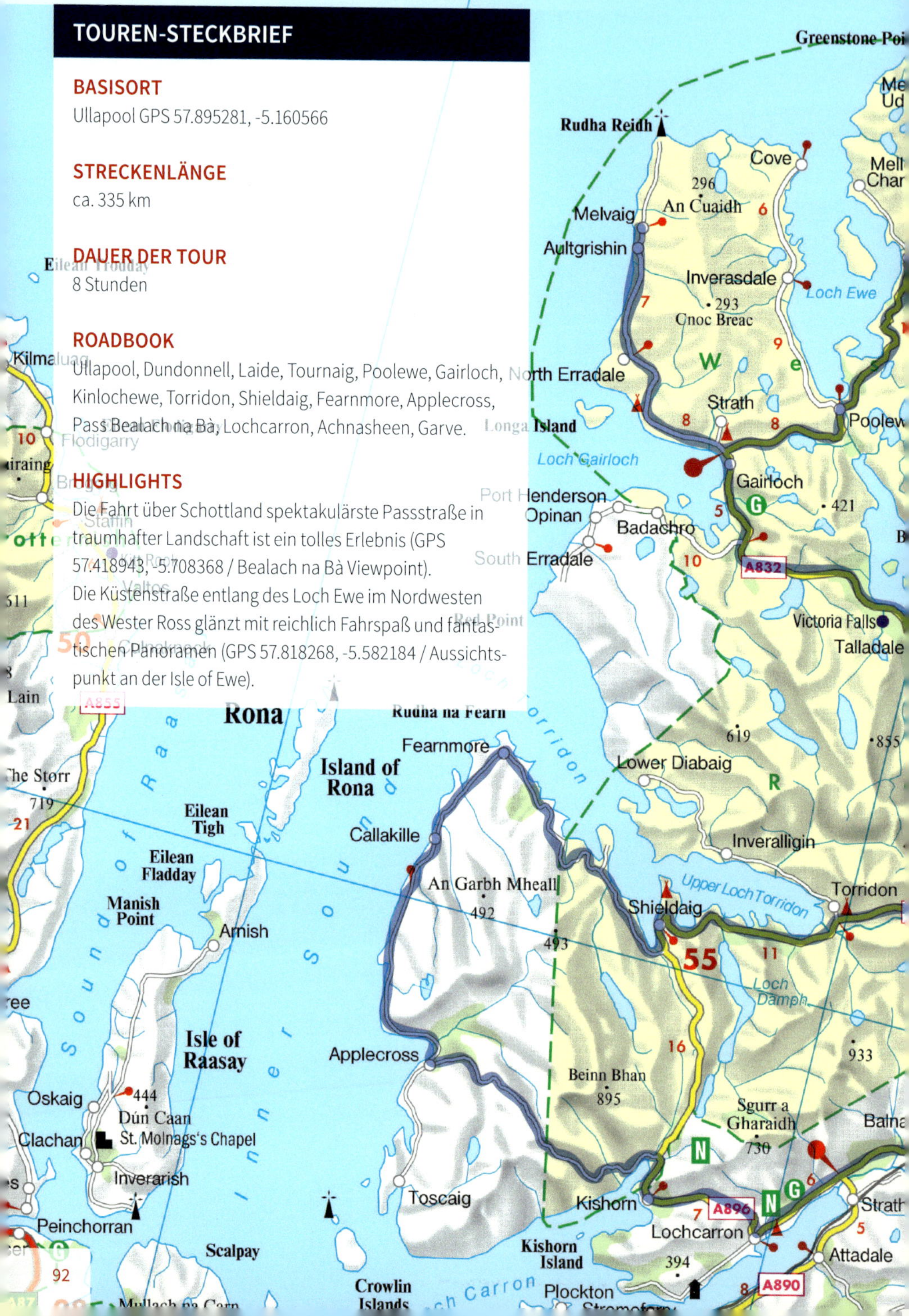

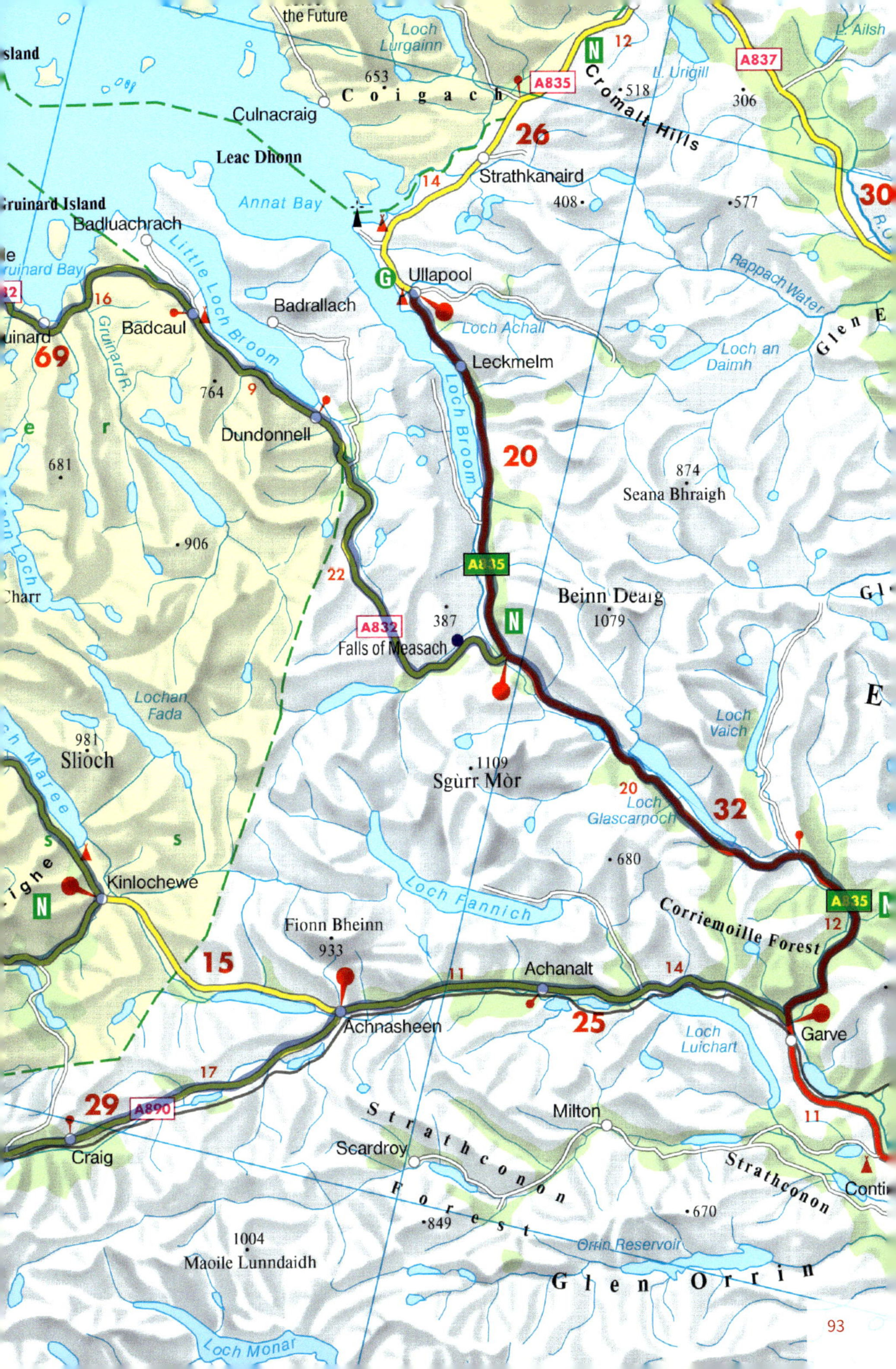

the Future
Loch Lurgainn
Island
653
Coigach
Culnacraig
Leac Dhonn
Gruinard Island
Badluachrach
Annat Bay
Little Loch Broom
Gruinard Bay
Badcaul
Badrallach
Ullapool
Loch Achall
Leckmelm
Loch Broom
Dundonnell
764
681
906
Gruinard R.
69
16
9
22
20
A835
A832
387
Falls of Measach
Beinn Dearg
1079
874
Seana Bhraigh
Strathkanaird
26
14
A835
12
A837
Cromalt Hills
L. Urigill
518
306
408
577
30
Rappach Water
Loch an Daimh
Glen E
L. Ailsh
Loch Vaich
Lochan Fada
981
Slioch
1109
Sgùrr Mòr
20
Loch Glascarnoch
32
680
Loch Fannich
Corriemoille Forest
A835
12
Kinlochewe
15
Fionn Bheinn
933
Achnasheen
11
Achanalt
14
25
Loch Luichart
Garve
17
29
A890
Craig
Strathconon
Milton
Scardroy
Strathconon Forest
849
670
11
Conti
1004
Maoile Lunndaidh
Orrin Reservoir
Glen Orrin
Loch Monar

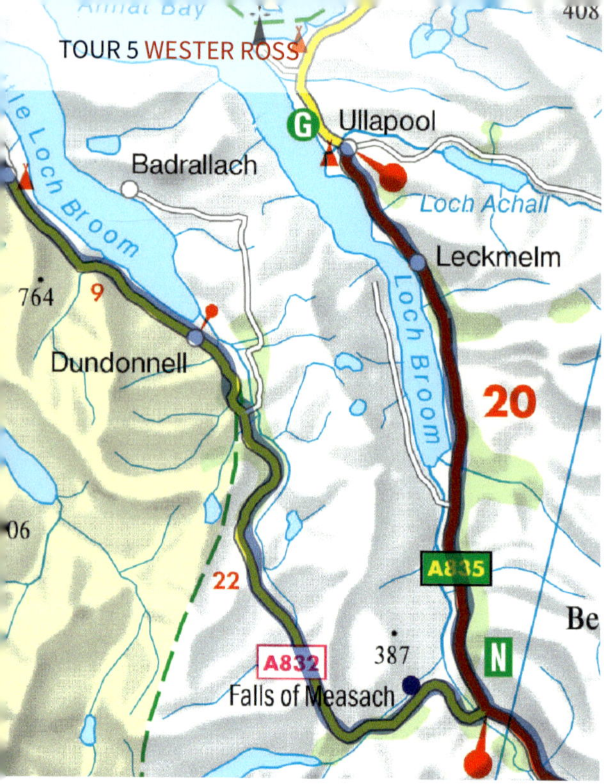


Ullapool, das quirlige Hafenstädtchen und geschäftiges kleines Zentrum, liegt am nördlichen Rand des Loch Broom und damit gleichzeitig auch am nördlichen Rand des Wester Ross. Das Wester Ross dürfte so ziemlich die einsamste Gegend der Highlands sein: extrem dünn besiedelt, eine schroffe und spannende Bergwelt. Es ist nicht so bekannt und gut besucht wie das östliche Gegenstück auf der anderen Seite des Festlandes, das Easter Ross, durch das viele Touristen von Inverness und dem Loch Ness kommend die nördlichen Highlands ansteuern.

In die zerklüftete Küstenlandschaft des Wester Ross kommt niemand zufällig. Höchstens vielleicht noch ins Glen Carron, dessen gleichnamiges Loch im weiteren Verlauf an die Isle of Skye stößt. Umso größer der Wunsch bei Kiki und mir, eine Runde durch diesen unentdeckten und menschenleeren Teil Schottlands zu drehen.

## Tolle Wasserfälle

Also verlassen wir Ullapool gleich nach dem Frühstück in Richtung Süden, folgen dem Loch Broom und der A 835 bis zum Dorf Auchindrean.

**Bezaubernde Abendstimmung in** Dornie.

Perfekt für die kleine Pause: Lochcarron.

Hier weisen schon die ersten Hinweisschilder auf die Falls of Measach hin, die nur wenige Minuten weiter südlich liegen, ein beeindruckendes Naturschauspiel. Rund 45 Meter hoch sind die Wasserfälle des Flusses Droma, die sich in der Schlucht Corrieshalloch Gorge von den Felsen stürzen.

Die Schlucht selber, gut 60 Meter tief und etwa zwei Kilometer lang, wird von einer urigen Hängebrücke überspannt. Wer sich traut, kann sich von dort aus das schäumende Spektakel von oben ansehen und wer statt der Motorradstiefel die Wanderschuhe an hat, startet von hier aus zu einer Wanderung in die über tausend Meter hohen Gipfel der umliegenden Berge.

## Wenig befahren

Uns steht heute eher der Sinn nach Motorradfahren, also schlagen wir einen Bogen auf die A 832 und steuern das Little Loch Broom an. Gut ausgebaut, aber nur wenig befahren, schmiegt sich die Strecke in das Tal und entlang der Küstenlinie. Baumlose Landschaft und einige wenige weiße Häuschen gleiten an uns vorbei, ein paar verschlafen wirkende Schafe taumeln über die Straße.

Je weiter wir uns der Küste nähern, umso höher steigt die Straße und umso weiter wird der Blick über die wilde Küstenlandschaft. The Minch

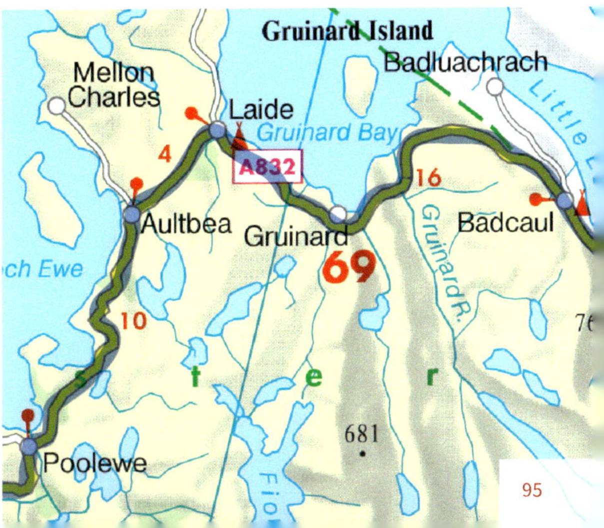

heißt die Meerenge, die hier die Highlands, speziell das Wester Ross, von den äußeren Hebriden trennt. Mehr als einmal lasse ich die BMW am Straßenrand ausrollen, damit wir den herrlichen Blick über die Küstenwelt genießen können.

Bei Mungasdale, wo die Straße um die Bucht Gruinard Bay herum einen großen Bogen schlägt, blitzt ein schönes goldgelbes Stück Sandstrand durch das Grün. Wohl dem, der eine Badehose im Gepäck mitführt. Obwohl, es könnte frisch werden. Noch einige schöne Sandstrände begleiten uns bis zum Örtchen Laide rund um die Gruinard Bay. In Laide wartet ein Campingplatz auf Besucher, eine kleine Tanke, wie so oft in Kombination mit dem örtlichen Post Office sorgt für Sprit-Nachschub. Noch zwei Hände voll Häuser, dann ist auch dieses kleine Örtchen schon wieder zu Ende.

### AUTOREN-TIPP

830 Kilometer, also gut 500 Meilen, beträgt die Länge der Ferienstraße **NORTH COAST 500** entlang der schottischen Nordküste. Die Ferienstraße wurde 2016 vom schottischen Tourismusbüro und einigen Sponsoren ins Leben gerufen, um den Nordwesten Schottlands noch gezielter vermarkten zu können. Gerne bezeichnen die Initiatoren die Rundtour als europäische Antwort auf die Route 66. Die NC 500 beginnt in Inverness, führt von dort nach Applecross an der Westküste und folgt ab der Halbinsel über Inverewe, Ullapool und Loch Eriboll der Küste bis John o'Groats ganz im Norden, wo auch die Personenfähren nach Orkney ablegen. Von John o'Groats führt die Strecke wieder gen Süden vorbei an Dunrobin Castle und durch Sutherland. Die North Coast 500 endet, wo sie beginnt: in Inverness.

Eigentlich wird die Strecke, die keine geschlossene Ringstraße, sondern eher eine Rundreise um Sutherland und Western Ross sowie Easter Ross bildet, in dieser Art schon immer von Touristen befahren, nun hat das Kind aber einen eigenen Namen. Eine einheitliche und vollständige Beschilderung der NC 500 gibt es noch nicht, sie ist aber in der Mache. Ein großer Teil der Strecke findet sich in diesem Buch auf den Routen 3, 4 und 5 wieder.

Weitere Infos zur Ferienstraße Nort Coast 500 finden sich im Internet unter **www.northcoast500.com**

## Fast am Wasser entlang

Hinter Aultbea führt der Asphalt fast wieder direkt am Wasser entlang, eine bildschöne Strecke. Draußen auf dem Loch Ewe glitzert und funkelt das Wasser unter mächtigen, tiefschwarzen Wolken, die aber immer wieder kleine blaue Lücken aufweisen. Das gefühlte Wetter ändert sich im Minutentakt. Scheint uns eben gerade noch die Sonne hell durch das Visier, bilden sich im nächsten Moment kleine Tröpfchen, die aber schon nach zwei, drei Minuten vom Fahrtwind wieder davon geweht werden.

Kurz vor Poolewe macht uns das Hinweisschild auf die Inverewe Garden neugierig. Nicht nur für Hobby-Botaniker ist dieser Garten eine echte Offenbarung. Er zählt zu den nördlichsten Botanischen Gärten dieser Welt und es ist wirklich erstaunlich, welche Blütenpracht und Vielfalt hier oben im Norden so gedeiht. Die Pflanzen stammen aus allen Teilen dieser Welt, lassen sich auf sehr schön ange-

An der Küste der Applecross-Halbinsel.

legten Wegen entdecken und die tollen Aussichten über das Loch Ewe sind nicht weniger beeindruckend.

Im Besucherzentrum der Gartenanlage gönnen Kiki und ich uns – wie sollte es auch anders sein – ein paar leckere Scones mit Konfitüre. Etwas südlich von Poolewe lockt ein kleiner Parkplatz am Straßenrand, gerne benutzt von Wanderern. Nur gut tausend Meter entfernt liegt hier das Loch Maree, der viertgrößte See Schottlands und ein beliebtes Wanderziel. Nicht weniger als 30 Inseln befinden sich in dem Gewässer, das heilende Kräfte besitzen soll. Im Loch Maree, oft als schönster See Schottlands tituliert, wohnt übrigens angeblich Mucsheilch, das Gegenstück zu Nessie.

## Blick aufs Meer

Gairloch, das kleine Nest am gleichnamigen Loch, bietet nicht nur schöne Bade- und Wandermöglichkeiten, es lädt auch zur gemütlichen Pause. Auf einer der vielen einladenden Bänke vor den örtlichen Pubs und Bars lässt es sich prima mit Blick aufs Meer relaxen. Das Gairloch Hotel bietet bequeme Betten und an der örtlichen Tanke gibt es nicht nur Sprit. Südlich führt die A 832 erneut in Richtung des Loch Maree und bald geht es direkt am süd-

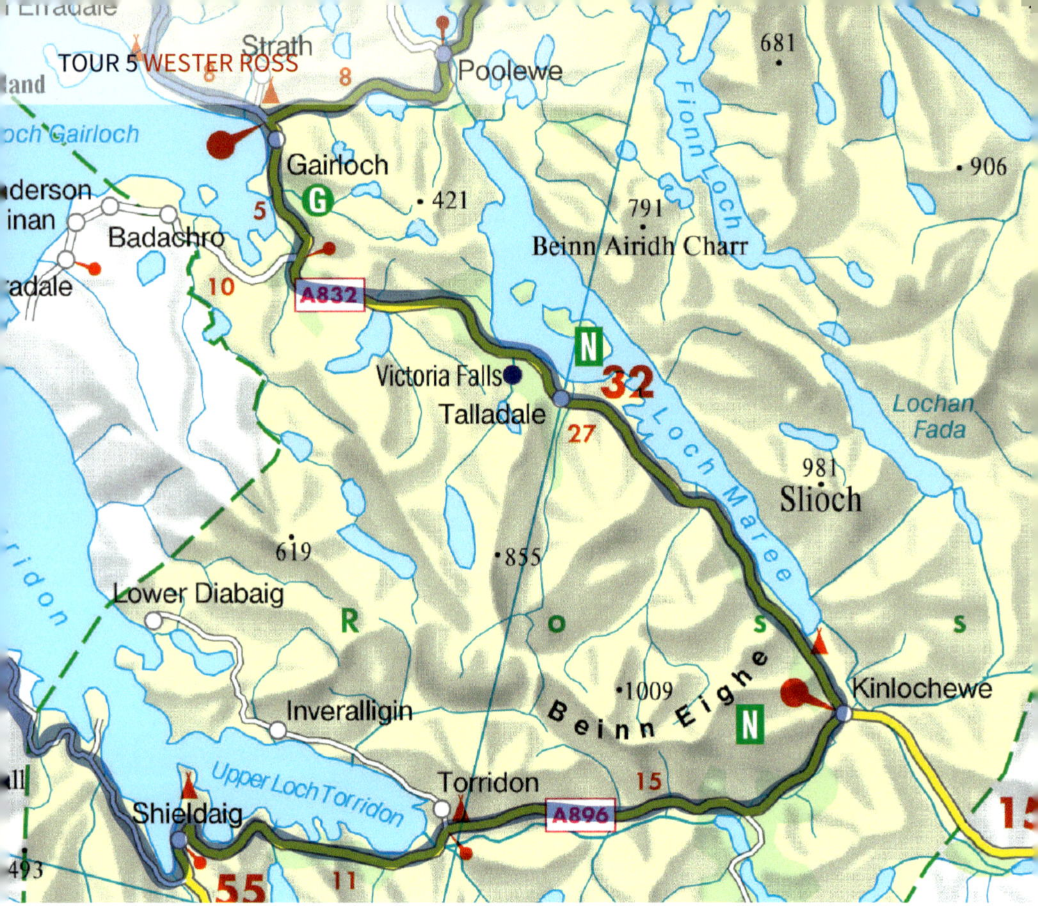


lichen Ufer des Lochs entlang. Über viele Kilometer begleitet die Straße das riesige Gewässer. Immer wieder fällt unser Blick auf den See, von Mucsheilch ist aber weit und breit nichts zu sehen. Bei Kinlochewe, am Südende des Lochs, setze ich den Blinker. Torridon und Shieldag sind hier ausgeschildert, zwei kleine, aber nette Örtchen an den Ufern des Loch Torridon. Kaum abgebogen, erinnert uns ein Schild, überschrieben mit dem Hinweis „Police Notice“, daran, dass man auf der nun folgenden Single Track Road, dem nachfolgenden Verkehr die Möglichkeit geben muss, zu überholen. Auch wenn wir auf diesem schönen Stück Straße gar nicht so schnell fahren wollen, mehr als einmal wird uns freundlich Platz gemacht.

Die A 896, die entlang des Loch Torridon hinaus auf die Applecross-

**An der Westküste** des Wester Ross.

Halbinsel führt, ist ein Teil des Wester Ross Coastal Trail und der North Coast 500, einer Ferienstraße entlang der Nordküste. Obwohl bekannt und gut ausgeschildert und beworben, hält sich der Verkehr hier sehr in Grenzen. Nur wenige Autos teilen sich mit uns die Strecke durch das Tal Glen Torridon. Die Strecke zu Füßen des 1054 Meter hohen Liathach ist ein Gedicht. Der Gipfel ist bisweilen bis in den Frühsommer hinein von Schnee bedeckt, Freunde von uns waren hier noch am Ende des Aprils von einem Schneesturm überrascht worden. Auch wir sind heute und hier unter einer spannenden Wolkendecke unterwegs, die Temperaturen sind aber angenehm und ab und an schaut auch die Sonne zwischen den Wolken hindurch.

Hinter Shieldag schneidet die A 896 parallel zum Loch Damh die Applecross-Halbinsel und führt hinüber an das Loch Carron. Keine schlechte Strecke, aber wer hier die Küstenfahrt abkürzt, um eventuell schneller in Richtung Süden zu gelangen, macht einen schweren Fehler. Für uns ist die dreimal so lange Küstenstraße um die Halbinsel herum, in dessen Mitte auch das kleine Örtchen Applecross liegt, eine der schönsten Küstenstrecken Schottlands. Wer die Halbinsel gegen den Uhrzeigersinn umrundet, hat stets die herrliche Küste rechts neben sich.

**Die Begegnung mit** Einheimischen kann spannend werden.

Stetig fällt der Blick weit hinaus, erst über das Loch Torridon, dann über den sogenannten Inner Sound, eine wilde zerklüftete Insellandschaft, in deren Mitte die mächtige Isle of Raasay liegt, ein einsames, aber traumhaftes Wanderparadies. Wir genießen die Fahrt entlang des Meeresufers, freuen uns über die fantastischen Panoramen und umkurven einige der dickfälligen

Schafe, die hier scheinbar besonders abgebrüht sind. Mit stoischem Blick verharren die Vierbeiner direkt neben dem Asphalt, taxieren uns nur kurz und tun dann so, als seien wir überhaupt nicht vorhanden.

**Schöner wohnen** – verlassenes Bauernhaus bei Applecross.

Unmittelbar vor dem Ort Applecross müssten wir, um dem Wester Ross Coastal Trail weiter zu folgen, links in Richtung Lochcarron abbiegen. Machen wir aber nicht, unser Ziel ist das nur wenige Meter weiter liegende Applecross Visitor Centre. Früher stand an dieser Stelle ein altes und marodes Häuschen mit einem kleinen Laden und einer Tanke.

Die Tanke gibt es noch heute, das Gebäude ist aber inzwischen liebevoll saniert, einladende Picknicktische stehen davor und warten auf hungrige Besucher. Hier gibt es richtig leckere Sachen, Toasties, Chips, süße Desserts, Pizza, aber auch verschiedene

Fisch- und Fleischgerichte. Dazu nette und freundliche Bedienung und einen perfekten, heißen Kaffee – was will man mehr? Gleich dahinter liegt übrigens das sehr schöne Applecross Camp Site und in der Nähe einige gemütliche B&B.

## Fast wie in den Alpen

Road normally impassable in wintry conditions (Straße unpassierbar bei winterlichen Verhaltnissen) – so warnt die große rote Tafel am Ortsausgang von Applecross. Nicht ganz ohne Grund, denn ab hier geht es hinauf auf den Bealach na Bà, angeblich Großbritanniens längster durchgehender Aufstieg und eine Passstraße ganz in Alpenpass-Manier mit Serpentinen und Haarnadelkurven. Bis ins späte 20. Jahrhundert war dieser erst ab 1950 asphaltierte Pass die einzige Verbin-

**Sehr beeindruckende Passstraße** am Bealach na Bà.

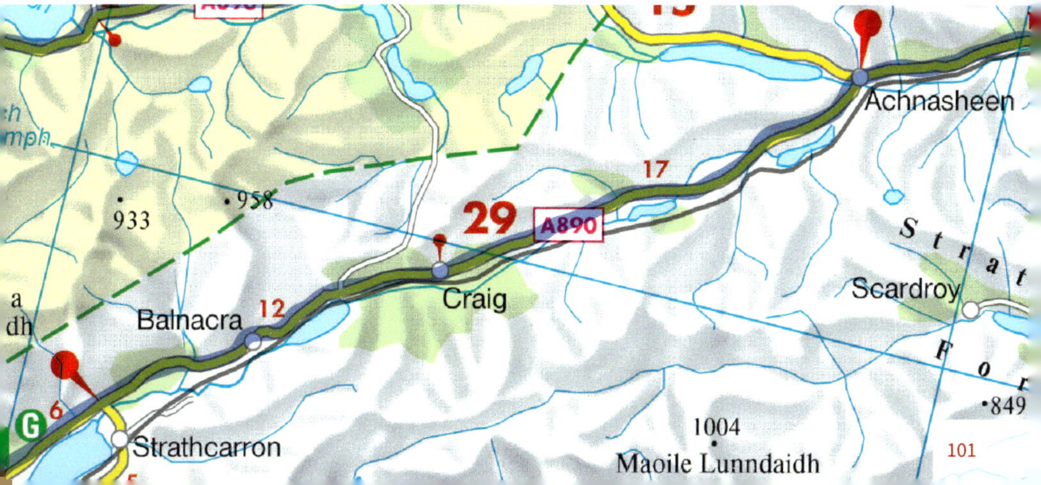

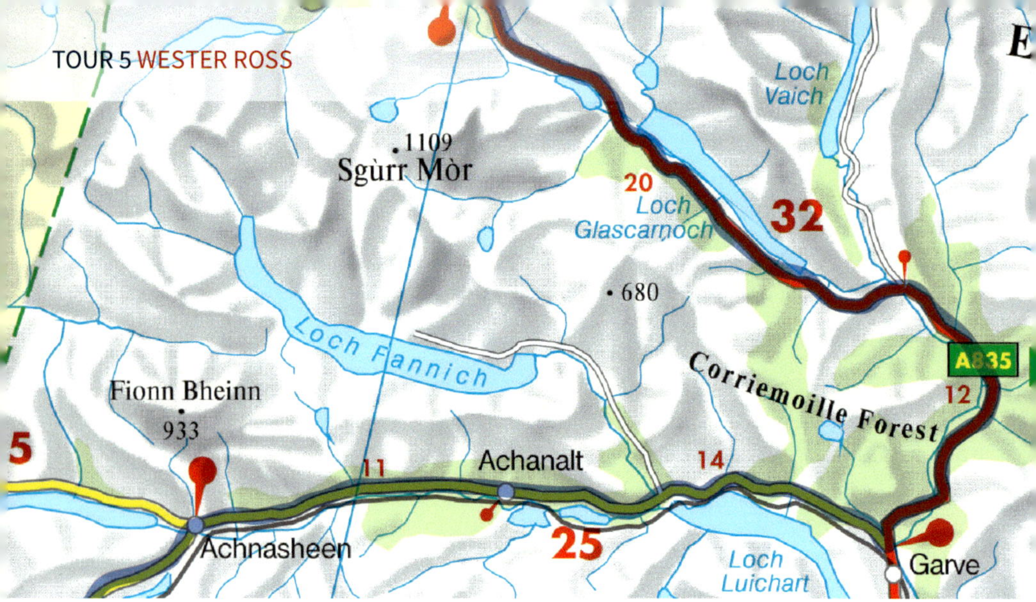


dung zwischen Applecross und dem Rest Schottlands. Um die Passhöhe in 626 Metern zu überqueren, muss man auf der engen Single Track Road ganz schön kurven und die 20 Prozent Steigung sind bisweilen eine Herausforderung, vor allem bei nassen Straßen und kräftigem Wind.

Mit einer grandiosen Aussicht belohnt dafür der View-Point oben auf dem Gipfel. Nicht weniger beeindruckend ist auch die weitere Strecke hinunter bis Lochcarron. Die Straßenbauer haben hier ein Meisterstück abgeliefert. Mit zackigen Kehren geht es bergab – ein echter Traum!

**Bergstraße östlich von** Applecross.

Nicht nur diese außergewöhnliche Passstraße, auch das nun folgende Glen Carron bleiben nahezu jedem Schottlandbesucher in bleibender Erinnerung. Grün in allen Farbtönen, Berghänge, mal sanft gewölbt mit offenen Wiesen, mal karstig grau bestückt mit steilem, schroffem Fels, ein bunter Mix aus Single Track Road und gut ausgebauter Landstraße, hier ist für jeden Geschmack etwas dabei und mindestens bis wir bei Garve wieder auf die A835 treffen, sind wir meist auch fast alleine unterwegs. Nach all den vielen Kurven und engen Straßen genießen wir dann auch die letzten 50 Kilometer zurück nach Ullapool auf der breit und gut ausgebauten Landstraße, die letzte Etappe für heute auf dieser extrem spannenden Runde durch das Wester Ross. ◂

## INFOS ZUR TOUR

### CHARAKTERISTIK

Von der perfekt ausgebauten schnellen Landstraße bis zur Haarnadelkurve wird hier alles geboten. Bei schlechtem Wetter oder Sturm wird der anspruchsvolle Pass zur Applecross-Halbinsel schon mal zur Herausforderung, belohnt jedoch mit tollen Aussichten. Gerade auf der Halbinsel sollte man auch die überall herumwandernden Schafe im Auge behalten, ihr Verhalten ist oft unberechenbar.

### PÄSSE DER TOUR

Hier ist er, der König der schottischen Pässe: Der Bealach na Bà, der Vieh-Pass, führt in 626 Metern Höhe als kurvenreicher Bergpass nach Applecross – ein echtes Erlebnis!

### ÜBERNACHTUNG

**Gairloch Hotel**

Gairloch, IV21 2BL

Direkt an der Küstenstraße gelegenes, beeindruckendes Hotel in historischem Gemäuer, tolle Aussicht, leckeres Dinner und Frühstück, gemütliche Räume.

**www.bespokehotels.com/gairloch-hotel**

**GPS** 57.722310, -5.687306

**Applecross Campsite / Hostel**

In schöner Umgebung liegt in Applecross der einfache, aber saubere Campingplatz sowie das einladende Hostel. Auf dem Platz gibt es auch ansprechende Mietunterkünfte.

**www.visitapplecross.com**

**GPS** 57.431895, -5.809690

### KOMBINATIONSMÖGLICHKEITEN

Diese Tour lässt sich übergangslos mit der Runde 4 und fast direkt mit den Touren 3 und 6 kombinieren. Wem die Runde noch nicht reicht, der hängt für zusätzliche Kilometer noch Abstecher nach Melvaig am Loch Gairloch oder an das Loch Torridon an.

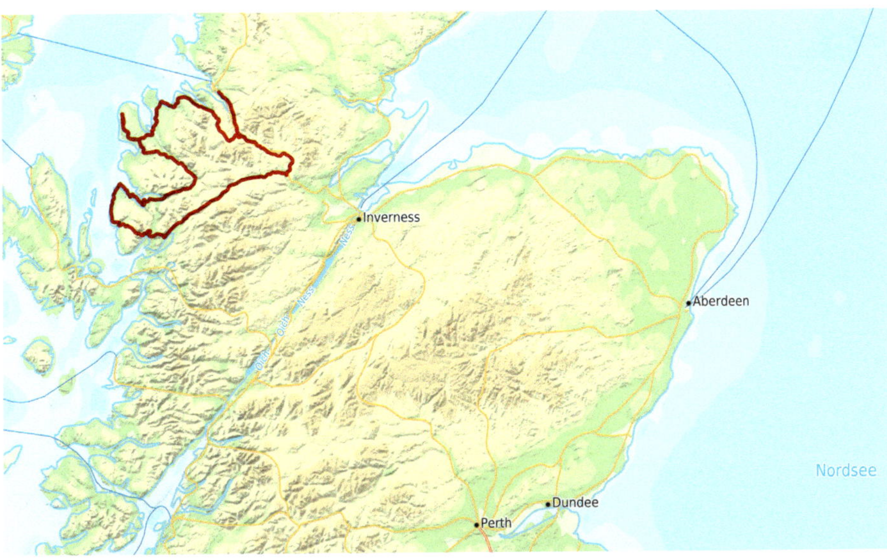

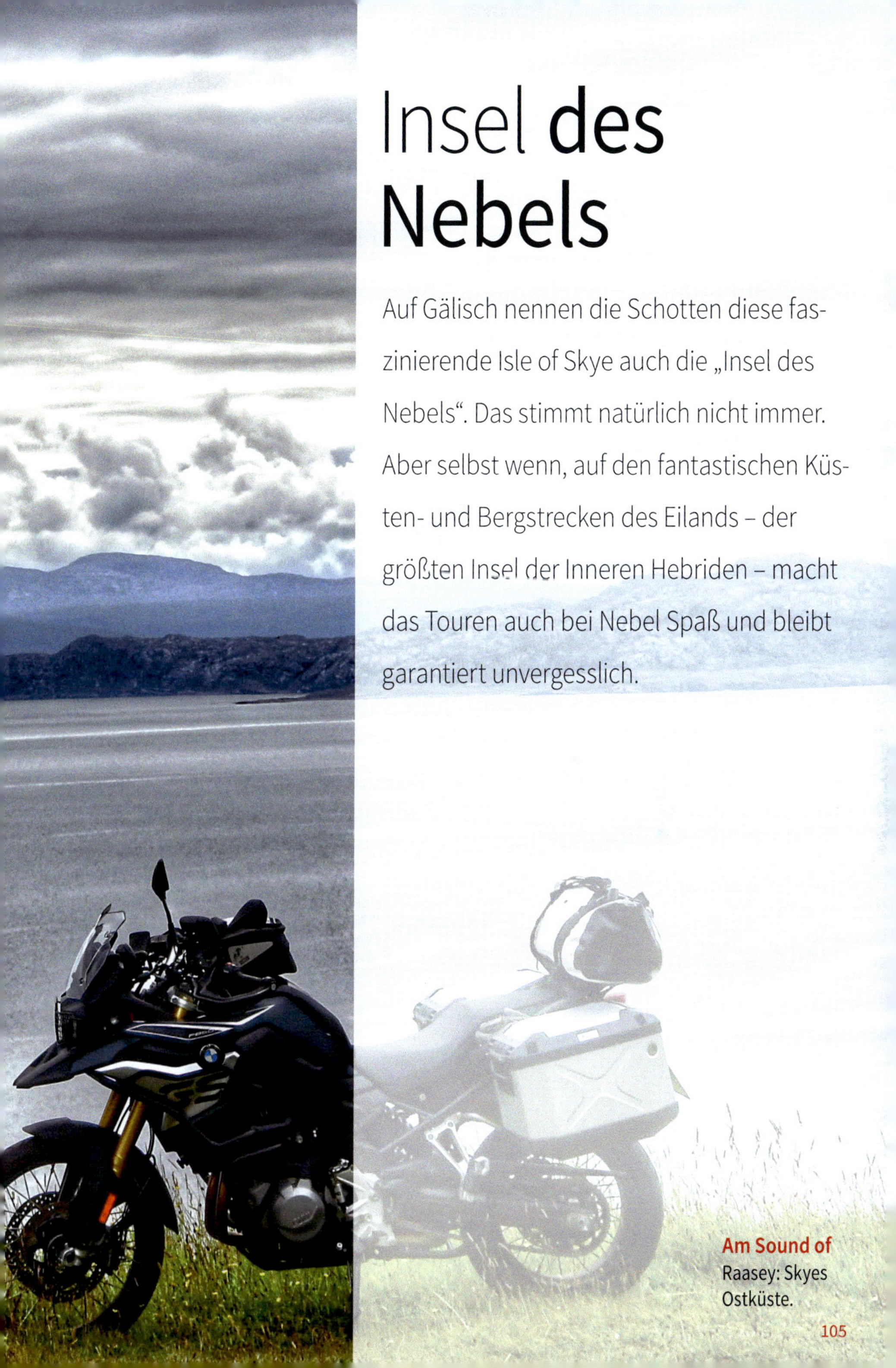

# Insel **des Nebels**

Auf Gälisch nennen die Schotten diese faszinierende Isle of Skye auch die „Insel des Nebels“. Das stimmt natürlich nicht immer. Aber selbst wenn, auf den fantastischen Küsten- und Bergstrecken des Eilands – der größten Insel der Inneren Hebriden – macht das Touren auch bei Nebel Spaß und bleibt garantiert unvergesslich.

**Am Sound of** Raasey: Skyes Ostküste.

Waternish Point
Trumpan
Gearie
Hallin
Lusta
Waternish
Loch Dunvegan
Galtrigill
Claigan
Totaig
Colbost
Duirinish
Dunvegan
A850
Edinbane
Bernisdale
Skeabost
Tote
Harlosh
A863
Loch Bracadale
Struan
Bracadale
Wiay
Portnalong
Carbost
Talisker
Drynoch
Isle of Skye
Beinn Bhreac
Grula
Sligachan
Bualintur
Cuillin Hills
Rudh' an Dùnain
Soay
Sanday
A. Bhrideanach
Kinloch
Duntulm
Kilmaluag
Kilmuir
A855
Flodigarry
Eilean Flodigarry
Quiraing
Brogaig
Staffin
Idrigill
Uig
Trotternish
Kilt Rook
Valtos
Culnaknock
Loch Snizort
Creag a'Lain
A87
Carn Liath
Kensaleyre
The Storr
Borve
Portree
Rona
Sound of Raasay
Eilean Tigh
Eilean Fladday
Manish Point
Arnish
Isle of Raasay
Mugeary
Oskaig
Dún Caan
Clachan
St. Molnags's Chapel
Inverarish
The Braes
Peinchorran
Sconser
Scalpay
Mullach na Carn
Luib
The Cuillin Hills
Bla Bheinn
Raven
Bheinn na Cailich
Broadford
Torrin
Cill Chriosd
Skulam
L. Slapin
Elgol
L. Eishort
Starthaird Point
Dunsgaith
Ord
Tokavaig
Tarskavaig
Isleornsay
A851
Teangue
Knock
Ardvasar
Armadale
Sleat
Inner Sound

## TOUREN-STECKBRIEF

### START- UND ZIELORT

Dornie (57.277946, -5.517807)

Armadale (57.064309, -5.895936)

### LÄNGE DER TOUR

ca. 275 km

### DAUER DER TOUR

7 Stunden

### ROADBOOK

Dornie, Kyle of Lochalsh, Sligachan, Portree, Staffin, Quiraing, Uig, Blackhill, Dunvegan, Bracadale, Sligachan, Broadford, Armadale.

### HIGHLIGHTS

Auf der A863 geht es entspannt entlang der herrlichen Küste des Loch Bracadale (57.360580, -6.404889 / Ortschaft Bracadale).

Das Quiraing-Massiv ganz im Norden der Insel bietet reichlich Fahrspaß und eine faszinierende Landschaft (57.628482, -6.289037 /Parkplatz mit Coffee-Stop).

Dornie, das kleine Dörfchen genau zwischen Loch Duich, Loch Long und Loch Alsh, schräg gegenüber des mächtigen Eilean Donan Castle, liegt nur wenige Kilometer entfernt von der imposanten, 500 Meter langen Skye-Brücke, die seit 1995 die Insel Skye mit dem Festland verbindet. So rollen Kiki und ich auch schon wenige Minuten nach einem leckeren und vor allem reichhaltigen schottischen Frühstück über das Bauwerk, das weit über 30 Meter hoch in den Himmel ragt.

Schon seit dem 17. Jahrhundert pendelte hier, wo die damals nur wenig bewohnte Insel bis auf gut 250 Meter an das Festland heran ragt, eine Fähre. Mit zunehmendem Tourismus entschloss man sich 1889 zum Bau der Brücke, die später den Fährbetrieb ersetzte. Wer dennoch mit der Fähre

**Uig: verschlafenes Nest** und Fährhafen.

Seit 1995 in Betrieb: die Skye-Bridge.

nach Skye übersetzen möchte, kann das aber immer noch machen. Ganz im Süden der Insel verkehrt sie zwischen Mallaig auf dem Festland und dem Inselstädtchen Armadale.

## Erstaunlich viel los

Skye empfängt uns auf der A 87 mit etwas mehr Verkehr, als wir es sonst von der schottischen Westküste gewöhnt sind. Die Besucherzahlen auf der Insel wachsen stetig. Macht aber nichts, das eine oder andere Auto haben wir mit einem zackigen Dreh am Gasgriff schnell überholt und schon liegt wieder freie Strecke vor uns. Entlang des Ufers des Inner Sound folgen wir der Landstraße. Über weite Strecken wächst rechts und links des Asphalts dichtes Buschwerk und Bäume. Ab und zu blitzt das Wasser herüber. Wir passieren Luib und hinter dem Loch Ainort öffnet sich die Landschaft. Linker Hand wachsen die mächtigen Cuillins in den Himmel.

Die Bergkette der Cuillins mit dem 992 Meter hohen Sgurr Alasdair, der gleichzeitig den höchsten Gipfel der Isle of Skye darstellt, ist das Ziel vieler Skye-Urlauber. Die Cuillins sind für die meisten Outdoor-Sportler und Bergfreunde die herausforderndsten und spektakulärsten Berge Großbritanniens. Einige ihrer Gipfel sind nur kletternd und schwer zu erreichen, plötzliche Wetterumschwünge können ungeübte Kletterer in echte Probleme bringen. Die Landschaft um die Bergkette, die Region Minginish, ist nicht weniger grandios mit ihrer rauen, zerklüfteten Küste, mit steilen Klippen und rauschenden Wasserfällen. >

## AUTOREN-TIPP

**SKYE** die größte Insel der Inneren Hebriden, ist etwa 80 Kilometer lang und bis zu 40 Kilometer breit. Die Küste mit ihren Buchten ist stark zerklüftet, keine Stelle der Insel ist mehr als acht Kilometer vom Meer entfernt. Gut 10 000 Einwohner leben regelmäßig auf Skye.

„An t-Eilean Sgitheanach", wie die Insel auf Gälisch heißt, gliedert sich in fünf Regionen, deren Namen einem schon mal des Öfteren begegnen. Sleat liegt im Süden, Minginish daneben im Südwesten. Im Nordwesten liegt Duirinish, Waternish im Nordnordwesten und die Halbinsel Trotternish ganz im Norden.

Skye hat eine sehr bewegte Geschichte hinter sich. Wikinger und Pikten vertrieben die ersten Einwohner, dann gab es Scharmützel zwischen diesen und Norwegern, später zwischen Schotten und Engländern. Skye war auch Schauplatz der Highland Clearances, bei denen die Großgrundbesitzer alle Kleinbauern vertrieben und zum großen Teil unter Zwang deportierten. Knapp 7 000 kleine Höfe wurden dabei vernichtet, rund 30 000 Menschen vertrieben. Bei der Schlacht von Braes gerieten örtliche Landwirte mit 50 Polizisten aneinander, was zu einem blutigen Gemetzel führte. Diese Battle of the Braes gilt als die letzte Schlacht auf britischem Boden.

Eine Internetseite mit vielen Infos über die Isle of Skye ist **www.isleofskye.com**

In Sligachan, einem kleinen Ort mit nur wenigen Häusern teilt sich der Verkehr. Auf der A 87 geht es weiter direkt gen Norden, links zweigt die A 863 ab, die auf die westliche Seite Skyes und zur Halbinsel Waternish führt. Hier liegt auch die Sligachan Bridge, eine alte Steinbrücke, die mit ihren drei Bögen seit 1820 den River Sligachan überspannt. Gleich auf der anderen Seite der A 87, am Ufer des gleichnamigen Loch Sligachan liegt das Sligachan Campsite, für uns einer der schönsten Campingplätze der Region.

## Riesige Wasserfläche

Gut 15 Kilometer perfekt ausgebauter Landstraße liegen vor uns. Entspannt rollen wir durch die Landschaft, weite, grüne Berghänge begleiten uns. Ab und an sind weiße Richtungspfeile auf den Asphalt gemalt, erinnern an den Linksverkehr. Irgendwann taucht rechter Hand die riesige Wasserfläche des Sound of Raasay auf, der die beiden Inseln Skye und Raasay trennt.

Hier liegt auch direkt an der Straße das Aros Experience Visitor Centre. Ausstellungen, Shops, Gallerien und ein Kino informieren über Skye, die nicht nur für Ornithologen interessante Seeadler-Ausstellung ist sehr gut gemacht und sowohl drinnen als auch draußen gibt es Speisen und Getränke. Hier lässt sich durchaus mal ein halber Tag verbringen, wenn es zu sehr stürmt und regnet.

Nur wenige Minuten weiter erreichen wir Portree, die einzige Stadt und somit auch der Hauptort auf Skye. Portree ist vor allem durch seine bunte Reihe Häuser bekannt, die den Hafen säumen. Nette Läden locken in den Ort und in den Restaurants der Stadt gibt es leckere und frische Fischgerichte. So schön Portree aber auch ist, vor allem im Sommer hat der Ort ein Problem – er ist einfach überlaufen. Vor allem im August, wenn die regionalen Highland-Games anstehen, gibt es oft weit und breit keine Unterkunft mehr und die Parkplatzsuche gestaltet sich mitunter recht schwer

**Eine einsame Single-Track-Road** in Skyes Norden.

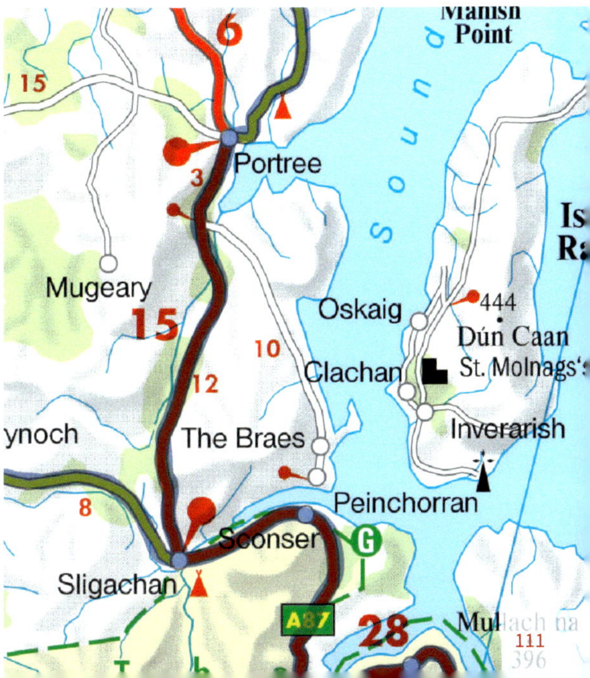

**Traumhafte Küstenstraße unweit** der Staffin Bay.

oder gar unmöglich. Wohl dem, der dann mit dem Motorrad unterwegs ist und seine Unterkunft in weiser Voraussicht bereits gebucht hat. Die Alternative bedeutet weitab der Stadt unterzukommen.

Kiki und ich haben heute Glück. Die steile Quay Street hinunter an den Hafen ist heute frei und zwischen den an der Kaimauer liegenden Booten haben wir auch gleich schnell einen Parkplatz für unsere BMW gefunden. Natürlich lassen wir es uns nicht nehmen, im Lower Deck, dem bekannten Seafood Restaurant, eine leckere Portion Fish'n'Chips zu ordern, die wir auch gleich draußen an der Hafenmauer verdrücken – ein Genuss!

**Portree: der farbenfrohe** Hauptort von Skye.

Zurück auf der Hauptstraße nehmen wir weiter Kurs in Richtung Norden und lassen Portree hinter uns. Entlang der Steilküste folgen wir weiter dem Sound of Raasay und passieren bald Skyes Wahrzeichen: den mächtigen Berg The Storr mit der berühmten, fast 50 Meter hohen Felsnadel Old Man of Storr. Auch The Stoor ist ein beliebtes und sehr lohnenswertes Wanderziel auf Skye.

Schon wenige Kilometer weiter, kurz vor der Staffin Bay, lockt das nächste imponierende Naturschauspiel: der Kilt Rock. Hoch über der oft tosenden See stürzt sich hier der Wasserfall Mealt Fall aus dem gleichnamigen Loch über die steilen Klippen in die Tiefe. Besonders spektakulär ist das übrigens bei starkem Sturm aus Richtung See. Dann wird das Wasser hoch in die Luft gewirbelt und verteilt – und erreicht bisweilen kaum die See.

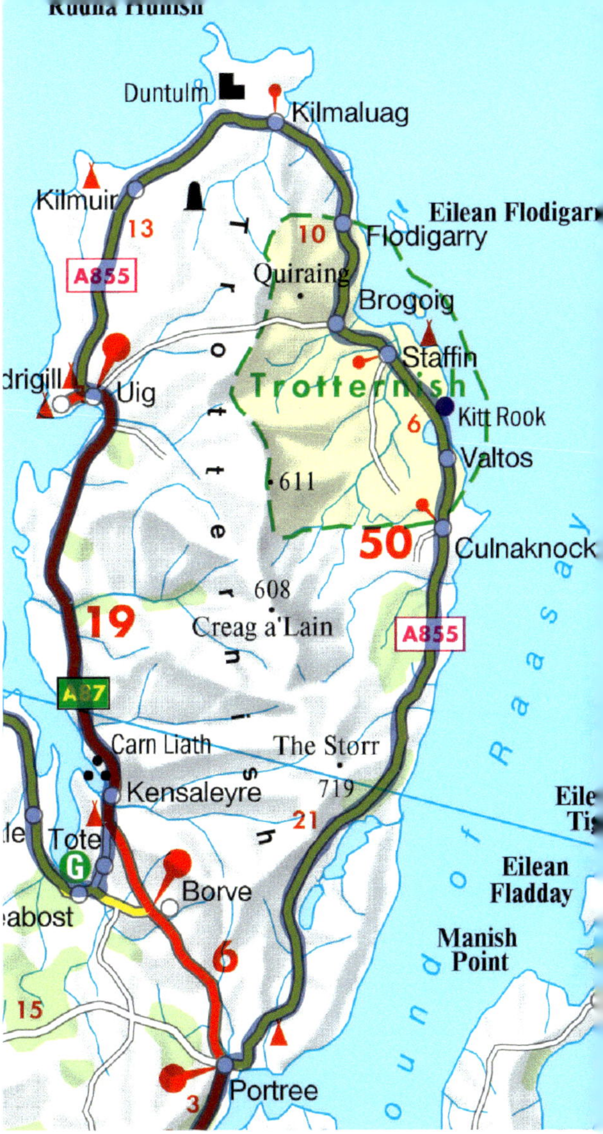


## Entspannte Wahlfreiheit

Die Qual der Wahl hat, wer oberhalb der Staffin Bay, nicht weit hinter dem gleichnamigen Ort Staffin, an der Abzweigung zum Quiraing-Massiv steht: weiter geradeaus und um den nördlichen Zipfel von Skye herum oder quer durch die bizarre Berglandschaft des Quiraing? Wir empfehlen beides! Erst ein paar Kilometer bis hinauf auf die Abbruchkante der Berge, wo der große Parkplatz eine fantastische Aussicht über die Region und den Nordosten Skyes bietet und dann wieder bergab und die Rundtour um Skye fortsetzen. Wer aber mehr Zeit hat, dem sei auch die komplette Überquerung der Hochebene empfohlen.

Auf schmaler Single Track Road geht es durch extrem einsame Landschaften und urige Moore. Für was auch immer man sich entscheidet, besonders der Norden Skyes bleibt lange Zeit im Gedächtnis. Nicht um-

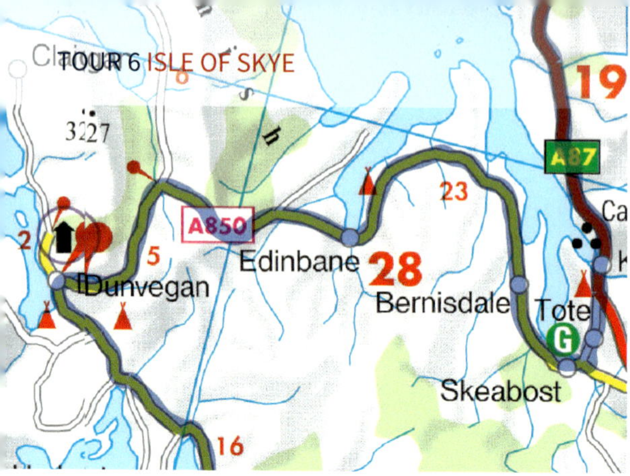


sonst wurden hier oben so monumentale Filme wie King Arthur, Der Medicus oder Snow White and the Huntsman gedreht.

Entlang des Loch Snizort halten wir uns wieder in südlicher Richtung. Hoch über der Küste thront hier das Skye Museum of Island Life. Auf dem gepflegten Gelände sind alte Skye-Häuser liebevoll errichtet worden, in denen sich ein Eindruck davon gewinnen lässt, wie früher gelebt und gearbeitet wurde. Die alte Schmiede und das Weberhaus sind nicht weniger beeindruckend als die Scheune und die historischen Schlaf- und Küchenräume. Im angrenzenden Shop gibt es weitere interessante Infos. Der Besuch lohnt sich.

Über Totscore kommen wir aus den Bergen und der hoch über der Küste verlaufenden Küstenstraße hinunter nach Uig. Schon von Weitem sehen wir die große Fähre einlaufen, die von Uig aus regelmäßig zu den Äußeren Hebriden pendelt. North Uist, Lewis und Harris werden von hier aus bedient.

## Inseleigene Brauerei

Aber auch für Reisende, die nicht unbedingt mit der Fähre fahren wollen, lohnt sich ein Besuch im Hafen. Dort liegt nämlich auch die kleine, aber feine Isle of Skye Brewery, in der einige köstliche Biere gebraut werden. Gut, wenn man noch ein wenig Platz im Motorradkoffer hat. Weiter geht

**Dunvegan Castle: der** Stammsitz der MacLeods.

die Fahrt entlang der Westküste der Halbinsel Trotternish, bis ein kleines unauffalliges Schild die enge B 8036 nach Prabost und Tote ankündigt. Dort heißt es rechts abbiegen und auf schmalem Asphalt geht es entlang unzähliger Passing Places bis zur A 850, die uns über den River Snizort und entlang des gleichnamigen Lochs bis nach Dunvegan führt.

Eine Handvoll Häuser und ein Laden finden sich hier. Sehr schön lässt sich auf den Bänken vor dem Misty Isle Hotel sitzen. Hier gibt es leckere Bar Meals und Snacks. Wer möchte, kann sie sich auch einpacken lassen und für ein schönes Picknick mit an die Küste nehmen. Genau das tun Kiki und ich. Wir folgen einfach den Schildern zum Dunvegan Castle, fahren an der Burg vorbei, bis linker Hand das Wasser des Loch Dunvegan auftaucht. Von hier aus lässt sich nicht nur ein schöner Blick zurück auf das Dunvegan Castle werfen, es gibt auch lauschige und ruhige Plätzchen direkt am Wasser.

Dunvegan Castle ist der Stammsitz der MacLeods und gilt als die älteste durchgängig bewohnte Burg Schottlands. Umgeben von einer sehr schönen Parkanlage lässt sie sich besichtigen. Klar, dass auch wir einen Blick in das mächtige Gemäuer werfen und das historische Mobiliar bewundern. Die

**Einfach schön: Panorama** am Loch Dunvegan.

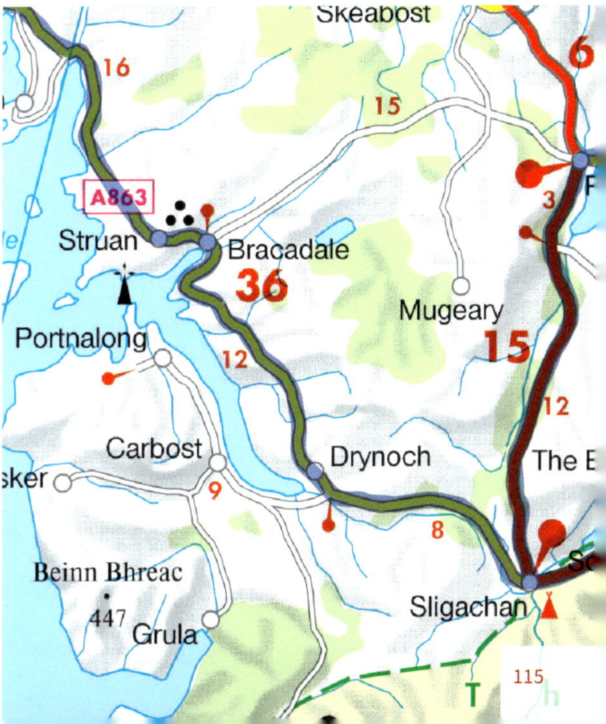

ebenfalls angebotene Bootsfahrt zu den Robbenbänken im Loch Dunvegan lassen wir aber aus.

Die A 863 führt uns vorbei am mächtigen Loch Bracadale in südlicher Richtung. Eine sehr schöne Strecke, die mitunter ebenfalls direkt an der Wasserlinie entlang führt und richtig Spaß macht. Zwischen dem blauen Meer und grüner Landschaft hindurch rollen wir entspannt durch die zentrale Insel-Region Duirinish, bis wir schließlich wieder in Sligachan ankommen, wo wir uns heute Vormittag für die nördliche Richtung entschlossen hatten. Diesmal geht es zurück, den Schildern nach Kyle of Lochalsh folgend, wo die Skye-Bridge den Weg zum Festland bildet. Auf dem Weg dorthin setze ich aber schon hinter Broadford den Blinker und steuere Armadale an. Ab dort pendelt die Fähre hinüber nach Mallaig, was dann schließlich auch das Ende unserer kurzweiligen Skye-Runde einläutet. ◂

**In Uig legt** die Fähre zu den Äußeren Hebriden ab.

## INFOS ZUR TOUR

### CHARAKTERISTIK

Die Isle of Skye bietet alles, was das Motorradfahrer-Herz begehrt: abwechslungsreiche Single Track Roads, schnelle, gut ausgebaute Landstraßen, eine fantastische Landschaft und jede Menge interessante und beeindruckende Ziele. Bisweilen macht die „Insel des Nebels“ aber ihrem Namen auch alle Ehre, vor allem im Quiraing-Massiv ganz im Norden der Insel. Dann heißt es einen Gang herunterschalten. Spaß macht die Tour aber auch dann.

### PÄSSE DER TOUR

Einen offiziellen Pass gibt es nicht, das Quiraing auf der Trotternish-Halbinsel führt aber wie ein Pass über das Insel-Hochland. Auch die A 850 hinunter nach Dunvegan hat eine ähnliche Funktion.

### ÜBERNACHTUNG

**The Tables Guest House**
Main Street
Dunvegan, IV55 8WA
Ein freundlicher Empfang, nette Zimmer, prima Frühstück und eine zentrale, praktische Lage mitten in Dunvegan machen das Gästehaus sehr sympathisch.
**www.the-tables.co.uk**
**GPS** 57.436876, -6.581630

**Sligachan Camping**
Sligachan, IV47 8SW
Der Campingplatz in extrem schöne Lage gehört zu unseren Lieblingsplätzen in Schottland. Schräg gegenüber liegt das Sligachan Hotel für alle, die kein Zelt dabei haben.
**www.sligachan.co.uk**
**GPS** 57.291424, -6.176969

### KOMBINATIONSMÖGLICHKEITEN

Diese Tour lässt sich perfekt mit den Runden 5 und 7 verbinden. Wer hier noch nicht genug Kilometer gefahren hat, der macht im Norden der Insel noch einen Abstecher zum Waternish Point auf Waternish oder von Broadford nach Elgol.

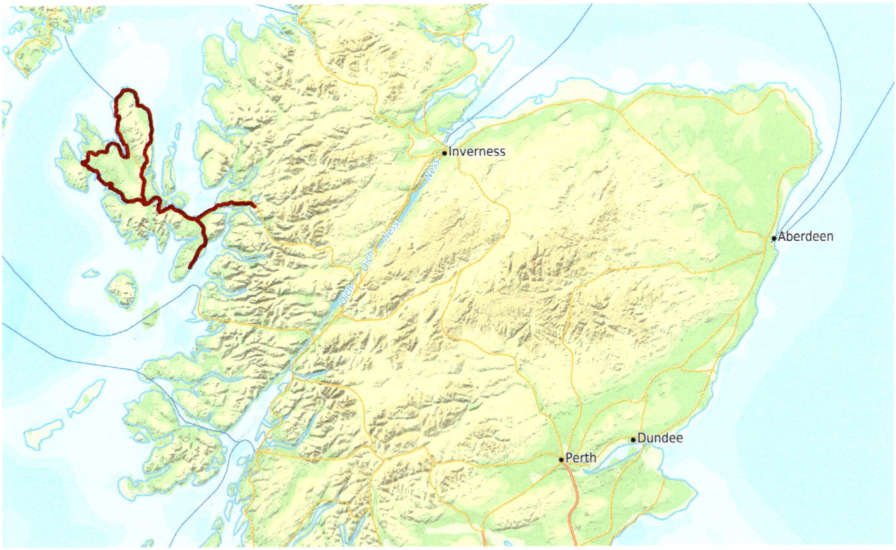

# Tief im **Westen**

Die Halbinsel Ardnamurchan mit dem westlichsten Zipfel des schottischen „Festlandes“ und die gleich darunter liegende Isle of Mull bestechen durch überwältigende Landschaften und malerische und einsame Natur. Wer auf schmalen und kurvenreichen Single Track Roads menschenleere Regionen erkunden möchte, kommt hier voll auf seine Kosten.

**Der Leuchtturm am** Point of Ardnamurchan blinkt bereits seit 1849.

## TOUREN-STECKBRIEF

### START- UND ZIELORT

Mallaig (57.006558, -5.828694)
Craignure (56.471116, -5.705929)

### LÄNGE DER TOUR

ca. 205 km

### DAUER DER TOUR

6 Stunden

### ROADBOOK

Mallaig, Arisaig, Roshven, Kilchoan, Point of Ardnamurchan, Kilchoan, Tobermory, Calgary, Killiechronan, Knock, Glen More, Craignure.

### HIGHLIGHTS

Die B 8007 nördlich des Loch Sunart ist schottische Single Track Road vom feinsten mit herrlichen Panoramen (56.694517, -5.799999).

Südlich des Loch Na Keal bei Knock auf der Insel Mull liegt eine der schönsten Straßen Schottlands zu Füßen des mächtigen Ben More (56.473394, -6.011717).

Isles
Rudha nam Meirleach
Rudha an Fhasaidh
Eigg
Muck
Port Mor
Mallaig
Bracorina
Loch Morar
North
South
Eilean Ighe
Luinga Mhòr
Arisaig
Rudh' Arisaig
A830
26
L. nan Uamh
Polnish
Lochailort
Ardnish
Sound of Arisaig
L. Ailort
Morar, Moidart and Ardnamurchan
A861
877
Rois-Bheinn
Moidart
Kinlochmoidart
Tioram
Ardtoe
Ockle
Portuairk
Ardnamurchan Point
Ardnamurchan
Acharacle
51
Kilchoan
Mingary
527
342
Salen
Resipole
Pollock
Glenborrodale
436
Loch Sunart
Tobermory
292
Dervaig
A849
Drimnin
L. Teacuis
339
Liddesdale
Strontian
Loch Frisa
Aros
Morvern
437
550
L. Arienas
Acharn
A884
29
Sound of Mull
Aros
Salen
591
312
Lugganulva
Oskamull
Killichronan
Ulva
Chapel
Eorsa
Loch na Keal
Kenneth
408
Loch Bà
Fishnish Pier
Lochaline
514
Port Ramsay
Coeffin
Crachan
Lismore
Achnacroish
Achadun
Balnahard
Ben More
966
762
Craignure
Duart
Ardmeanach
Fossil Tree
Lochdon
Strathcoil
62
Loch Scridain
Spelve
Gorten
Grass Point
Kerrera
Dunstaffnage
Dunollie
Dunbeg
121
Lochbuie

Sanft schaukelnd brachte uns die Fähre gestern über den Sound of Sleat von der Isle of Skye hier herüber nach Mallaig. Das erst 1840 als Fischereihafen gegründete Küstendorf ist in den letzten Jahrzehnten enorm gewachsen. Kein Wunder, legen von hier nicht nur die wichtigen Fähren nach Skye und auf die Äußeren Hebriden ab, sondern auch noch einige kleinere auf die vorgelagerten Inseln. Was das geschäftige Küstenstädtchen aber mit Schwung nach vorne brachte, war der Anschluss an die Eisenbahn, weil damit der gefangene Fisch abtransportiert werden konnte.

Noch heute profitiert Mallaig von der Bahn, vor allem durch den interessanten Dampfzug „The Jacobite", der im Sommer täglich zwischen Fort William und Mallaig pendelt. Dass der Zug dabei das legendäre Glennfinnan Viaduct überquert, macht die Sache besonders spannend. Vor allem für Harry-Potter-Fans, die sich dabei wie Harry und seine Freunde im Hogwart-Express fühlen können.

## Ferienstraße ohne Umweg

Ein gutes Frühstück, dann machen wir uns auf die Reifen, verlassen Mallaig in die einzige mögliche Richtung – nach Süden – und folgen der schönen Küste über Morar nach Arisaig. Hier verläuft auch die Panoramastraße „Road to the Isles". Eine Ferienstraße die weitgehend der Trasse des eben beschriebenen Dampfzuges folgt. Weshalb sie allerdings bei Morar der Hauptstraße folgt, statt den kleinen Umweg

**Am Sound of** Arisaig.

Unterwegs auf der Ardnamurchan-Halbinsel.

über die wunderschöne B 8008 zu nehmen, mögen die Götter wissen.

Kiki und ich lassen uns dieses schöne Stück Küste natürlich nicht entgehen. Entlang herrlicher einladender Sandstrände windet sich die schmale Strecke durch die Landschaft, vorbei an einigen Gästehäusern und dem Campingplatz von Arisaig, der nur wenige Meter vom tollen Camusdarach Beach entfernt liegt. Überall kommt man hier direkt an die Strände, bis es bei Arisaig wieder auf die „Road to the Isles" zurück geht.

Lochailort: Hier trennen sich die Wege. Wir lassen die Ferienstraße zurück und biegen auf die A 861 nach Süden ab. Entlang des Loch Ailort folgen wir der Küstenstraße, die bald in eine enge Single Track Road übergeht. Dichtes Grün steht rechts und links des Asphalts Spalier, bis uns bei Salen eine große Hinweistafel nach Kilchoan lenkt und der Blick unvermittelt auf das glitzernde Wasser des Loch Sunart fällt. „Works Access" warnt uns ein grellrotes Schild vor irgendwelchen Bauarbeiten. Unserer persönlichen Erfahrung nach kann das in Schottland alles Mögliche bedeuten: eine geschäftige Baustelle, jede Menge Dreck auf der Straße, ein Rasenmähermann am Straßenrand oder einfach ein seit Monaten vergessenes Hinweisschild. Wir passieren einen am Straßenrand abgestellten Bagger, der anscheinend schon seit Wochen nicht mehr benutzt wurde. That's all.

## Grobe Metallgitter

Wild schlängelt sich die schmale Straße am Rande des Lochs entlang durch

**Die „Hauptstraße" bei** Kilchoan.

das hügelige Land. Ratternd rollen wir über einige Cattle Grids. Die groblöchrigen Metallgitter auf der Straße verhindern wirkungsvoll, dass die frei laufenden Kühe und Schafe aus ihren Revieren weglaufen. Mit Schwung einfach gerade darüber rollen ist mit dem Mopped kein Problem. Nur bremsen oder abrupt lenken sollte man auf dem Metall nicht, vor allem, wenn es nass ist.

**Abhängen mit guten** Freunden.

Nur wenige Meter weiter liegt direkt am Lochufer ein gemütlicher Picknickplatz. Davon gibt es hier in den Sunart Oakwoods einige, perfekt für eine kurze Pause. Unmengen blühender Orchideen in dichten Büschen flankieren die Straße. Allzu sehr ablenken lassen sollte man sich jedoch vor allem vor den engen Kurven nicht. In unserem Fall ist es eines der unzähligen kleinen roten Postautos, die mir einen ordentlichen Schreck einjagen. Frei nach dem Motto „Gestern kam hier auch keiner" schießt der Postbote ambitioniert ums Eck und mit einem ziemlich knappen Schlenker an uns vorbei – noch mal gut gegangen.

## Festland oder nicht?

Wir folgen der Südküste der Halbinsel Ardnamurchan vorbei am kleinen Dorf Kilchoan, das nur aus

wenigen Häusern und einem kleinen Fährhafen besteht, bis zu deren Ende, dem Point of Ardnamurchan. Hier ragt seit 1849 der Leuchtturm Ardnamurchan Lighthouse rund 30 Meter hoch in den Himmel und markiert den westlichsten Punkt des gesamten britischen Festlandes, sofern sich Großbritannien überhaupt als Festland definieren lässt.

Die spannende Zufahrt zum Turm ist auf den letzten Metern über eine Ampel geregelt, da sie sich eng und und übersichtlich durch die Küstenfelsen windet. Der Leuchtturm ist heute voll automatisiert, das Haus des ehemaligen Leuchtturmwärters, nur wenige Meter vom Turm entfernt, dient jetzt als Besucherzentrum. Bei einem heißen Kaffee lassen

**Küstenstraße am Point** of Ardnamurchan.

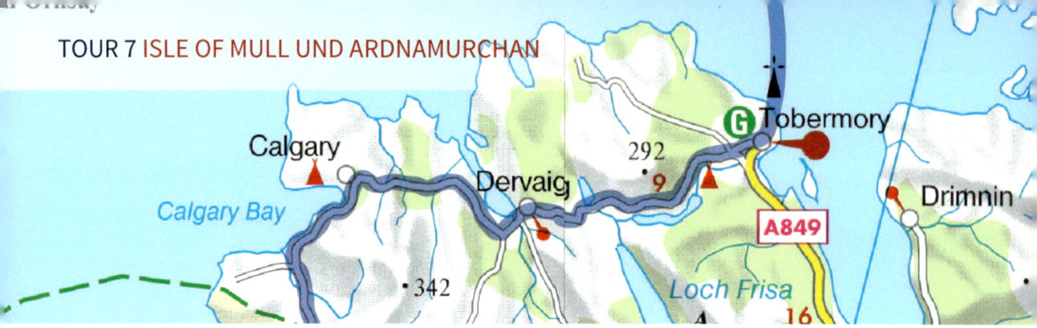


wir uns die Geschichte und die Technik des Leuchtzeichens erklären, bevor wir uns wieder auf den Rückweg nach Kilchoan machen. Im kleinen Hafen von Kilchoan legt regelmäßig die Fähre zur Isle of Mull ab. Bis zu sechsmal pro Tag pendelt die Fähre der Caledonian MacBrayne über den Sound of Mull, die Überfahrt dauert eine gute halbe Stunde.

## Insel-Destillerie

Kiki und ich müssen nicht lange warten, bis das nächste Schiff startet und mit nur wenig Schaukelei geht es hinüber nach Tobermory, zum Hauptort Mulls. Der nette Ort empfängt uns mit einer bunten Häuserzeile und der weit über Mull hinaus bekannten Tobermory Distillery. Die liegt nur wenige Meter vom Hafen entfernt und natürlich schauen wir auch dort mal vorbei.

Direkt an der Destillerie und ihrem Besucherzentrum vorbei geht es auf die B 8073 und damit auf die spannende Rundtour durch den nördlichen Teil der Insel. Wer es hier eilig hat, hat schlechte Karten. Mit unzähligen Kurven schlängelt sich die enge Single Track Road durch das hügelige Land. Die Passing Places liegen zum Teil recht weit auseinander und das

**Es geht auf** die Fähre nach Mull.

**Lecker: Whisky aus** Tobermory.

eine oder andere kräftige Schlagloch initiiert einen wilden Slalomkurs.

Dass der Straßenrand wenig bis gar nicht befestigt ist und zum Teil direkt am unregelmäßigen Straßengraben endet, macht die ganze Sache nicht unbedingt leichter. Aber was soll's, niemand fahrt zur sportlichen Tour nach Mull. Hier wirken Landschaft und Atmosphäre sowieso beruhigend und mit Muße rollen wir durch die grandiose Natur.

**Altes keltisches Kreuz** auf Mull.

## AUTOREN-TIPP

Die **ISLE OF MULL** gehört zu den Inneren Hebriden vor der Westküste Schottlands und ist etwa 50 Kilometer lang und ungefähr genauso breit. Sie ist durch den Sound of Mull vom Festland getrennt. Hauptort ist Tobermory mit etwas über 1000 Einwohnern und einer weltweit bekannten Whisky-Destillerie. Die Insel ist stark zerklüftet und besteht zu großen Teilen aus Basalt. Vor allem die Südküste ist durch ihre grandiosen steilen Klippen bekannt, deren Felsentore Carsaig Arches den Höhepunkt bilden. Die höchste Erhebung der Insel ist der auf der südlichen Hälfte liegende Ben More mit einer Höhe von 966 Metern.

Ganz im Südwesten der Insel liegt das kleine vorgelagerte Eiland **IONA**. Eine Fähre pendelt über den Sound of Iona, Kraftfahrzeuge können aber nicht mitgenommen werden. Die nur knapp neun Quadratkilometer große Insel war einst das geistliche Zentrum Schottlands und galt als heilige Stätte. Vom 563 gegründeten Kloster Iona Abbay aus verbreitete sich das Christentum in Schottland und Nordengland. Die Wikinger zerstörten das Kloster, später wurde es wieder aufgebaut. Iona ist ein tolles Ziel für einen Tagesausflug auch mit Übernachtung. Hier lässt sich fantastisch wandern, es werden interessante Bootsfahrten angeboten.

Alle Infos über Iona gibt es im Internet unter **www.isle-of-iona.net**, über Mull informiert ausführlich die Webseite **www.isle-of-mull.net**.

Kurz vor dem Ort Calgary, an der gleichnamigen Calgary Bay gelegen, lockt uns das Calgary Farmhouse von der Straße – der perfekte Ort für eine erholsame Pause. Hier gibt es leckere lokale und hausgemachte Spezialitäten, lokal gebraute Biere und Cider und natürlich köstliche Süßspeisen. Das lassen wir uns nicht entgehen, fangen auf der Außenterrasse mit zwei leckeren Suppen an, arbeiten uns zu zwei Stücken Karottenkuchen mit Käsecreme-Topping durch und beenden das ganze mit zwei Espresso. Wer mag, kann hier auch gleich übernachten. Mehrere Selbstversorger-Unterkünfte warten auf dem gepflegten Gelände auf die Gäste.

## Reicht der Sprit?

Gut gesättigt machen wir uns wieder auf und vollenden eine fantastische Runde entlang der Ufer des Loch Tuath und des Sound of Ulva. Eigentlich wollen wir direkt die Runde um den höchsten Berg der Insel Mull, um den 966 Meter hohen Ben More anschließen. Ich bin mir aber unsicher, ob dafür die Spritvorrat der BMW noch reicht. Also entschließen wir uns bei Killiechronan noch zu einem knapp fünf Kilometer langen Abstecher nach Salen an den Sound of Mull.

**Gibt's auch mal** in breit: Landstraße auf Mull.

Dort gibt es alles, was das Herz begehrt, Tankstelle, einen Shop, Bars und Restaurants und natürlich einige B&B.

Zurück bei Killiechronan halten wir uns auf der B 8035 und sind einfach nur begeistert. Die Fahrt entlang

des Loch Na Keal ist für Kiki und mich eine der schönsten Strecken, die wir auf Schottland bisher gefahren sind. Und selbst jetzt, wo wir gerade etwas Pech mit dem Wetter haben und statt der gewünschten Sonne ein nasser Nebel in der Luft hängt, kommen wir aus dem Staunen nicht heraus. Aber vielleicht auch gerade deswegen. Denn zu dieser fantastischen Landschaft passt natürlich auch das feuchte Wetter. All die Grüntöne müssen ja auch irgendwo herkommen.

Die zahlreichen Schafe rechts und links des Weges lassen sich jedenfalls von der feuchten Witterung nicht beeindrucken. Zwischen ihnen hindurch kurven wir auf schmalem Asphalt, oft nur wenige Meter vom steinigen Ufer entfernt, entlang des Wassers. Der gewaltige Ben More ragt links neben uns empor, den Gipfel irgendwo weit oben in den Wolken. Die steilen Felswände reichen oft bis an die Straße heran – was für eine beeindruckende Szenerie.

Auf der Südseite des Ben More müssen wir uns entscheiden: rechts abbiegen in Richtung der kleinen Insel Iona, die mit ihrer bedeutenden Abtei einst das geistliche Zentrum Schottlands war, oder links halten und die schöne Strecke durch das Glen More

**Eher selten: Begegnungsverkehr** am Loch Na Keal.

wählen? Wir nehmen Letzteres. Auch weil es durch das Glen More in Richtung Craignure geht, wo die Fähre hinüber nach Oban auf das schottische Festland ablegt. Also genießen wir die letzten herrlichen Kilometer auf Mull bei der Fahrt durch das riesige, weite und offene Tal. Grüne Berghänge bestimmen das Bild, soweit das Auge reicht, dazwischen unzählige kleine Seen. Fast alleine sind wir auf der engen Straße unterwegs, die wir manchmal schon auf einige hundert Meter überblicken können. Erst kurz vor dem Örtchen Craignure wird die Straße wieder etwas breiter und einige Häuser flankieren die Strecke, bis wir am Ufer des Sound of Mull schon die Fähre liegen sehen, die uns bald darauf nach Oban bringt. ◂

**Wohnen im Grünen:** Küste bei Kilchoan.

## INFOS ZUR TOUR

### CHARAKTERISTIK

Auf dieser Route geht es richtig ins Eingemachte. Anspruchsvolle, enge und kurvenreiche Single Tracks schlängeln sich durch dichtes Grün, äußerst schmale Küstenstraßen überraschen mit tollen Panoramen, aber auch schon mal mit reichlich Steinen und Sand auf der Fahrbahn. Auf Mull können auch schon mal Otter den Weg kreuzen. Eine sehr überraschende Erfahrung.

### PÄSSE DER TOUR

Pässe gibt es hier nicht, wenn auch die Überquerung der Halbinsel südwestlich des 966 Meter hohen Ben More durchaus als Passstraße durchgehen könnte.

### ÜBERNACHTUNG

**Calgary Farmhouse**

Calgary, PA75 6QQ

Gleich mehrere Übernachtungsmöglichkeiten bietet das Calgary Farmhouse. Von der Selbstversorger-Hütte bis zum Studio und zum Loft ist vieles dabei und sehr ansprechend.

**www.calgary.co.uk**

**GPS** 56.582766, -6.271747

**Tobermory Hotel**

53 Main St

Tobermory, PA75 6NT

Uriges und gemütliches Hotel mit Bar und Restaurant in einem 200 Jahre alten Fischerhaus in zentraler Lage am Hafen, leckeres Essen, regelmäßig Livemusik.

**www.thetobermoryhotel.com**

**GPS** 56.621859, -6.069516

### KOMBINATIONSMÖGLICHKEITEN

Diese Runde lässt sich sehr gut mit der Tour 6 über die Isle of Skye kombinieren, östlich schließt sich über den Firth of Lorn und Oban die Tour 8 an. Für noch mehr Kilometer empfehlen wir den Abstecher im Südwesten von Mull zur Isle of Iona.

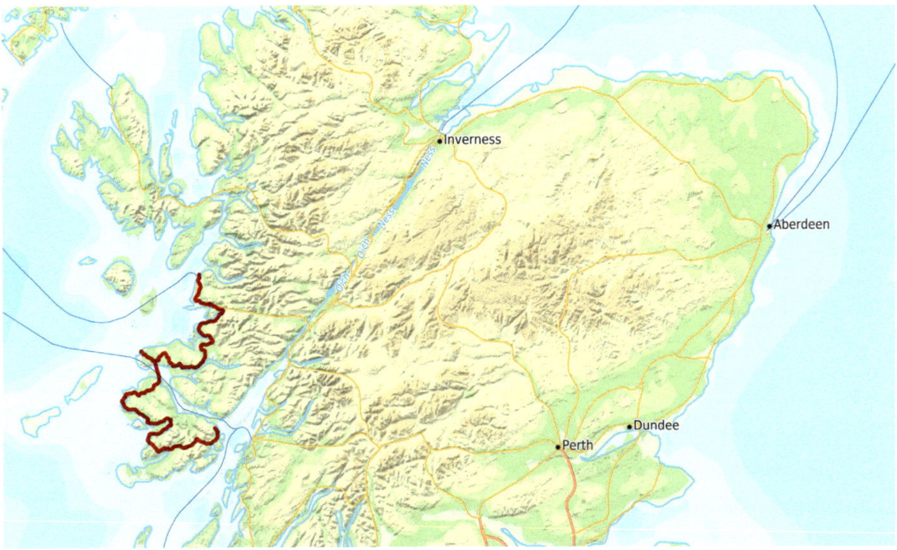

# Insel mit **Kultstatus**

Seit Paul McCartney das Mull of Kintyre im Jahre 1977 musikalisch adelte, ist das Kap in aller Munde. Zu Recht! Die Kintyre-Halbinsel ist eine landschaftliche Offenbarung. Wer sie einmal auf der faszinierenden Küstenstraße umrundete, wird sie garantiert nie wieder vergessen.

**Am Ufer des** Loch Fyne.

# TOUR 8 KINTYRE

## TOUREN-STECKBRIEF

### START- UND ZIELORT

Oban (56.411451, -5.477349)
Ardrossan (55.638954, -4.822657)

### LÄNGE DER TOUR

ca. 310 km

### DAUER DER TOUR

8 Stunden

### ROADBOOK

Oban, Kilmartin, Lochgilphead, Tarbert, Claohaig, Carradale, Campeltown, Mull of Kintyre, Campbeltown, Killean, Kennacraig, Claohaig, Lochranza, Brodick, Ardrossan.

### HIGHLIGHTS

Die A 83 an der Westküste von Kintyre lädt über viele Kilometer zum entspannten Cruisen bei fantastischen Panoramen ein (55.590020, -5.690906).

Die letzten Kilometer vor dem legendären Mull of Kintyre sind ein landschaftlicher Hochgenuss (55.308750, -5.786519 / Parkplatz am Leuchtturm).

Oban, noch im 19. Jahrhundert ein eher unbedeutendes Fischernest, hat sich inzwischen dank des Eisenbahnanschlusses und der Entwicklung der Schifffahrt zu einer geschäftigen kleinen Stadt gemausert. Vielleicht hat auch dazu beigetragen, dass die legendäre britische Königin Victoria Oban einst als „one of the finest spots we have seen" lobte.

Kiki und mir gefällt die 9000 Einwohner-Stadt jedenfalls richtig gut. Die abwechslungsreiche, bunte Ladenzeile direkt am Hafen, das ein wenig größenwahnsinnig wirkende Kolosseum hoch über der Stadt, die Kathedrale, das mondäne Royal Hotel oder die Oban Distillery: Es gibt viele interessante Ziele in der quirligen Stadt, die nicht zuletzt auch wegen ihrer reizvollen Lage bei vielen Touristen so beliebt ist. Einen ganzen Tag hatten wir uns gestern Zeit genommen, Oban erkundet, gut gespeist und getrunken, viele Meter zu Fuß zurückgelegt.

## Sportliche Schräglagen

Heute soll es per Mopped weitergehen, also verlassen wir Oban schon am frühen Vormittag und rollen auf der A 816 gen Süden. Entlang des Firth of Lorn, der die Küste südlich Obans

**Oban: geschäftig und** sympathisch.

von der Isle of Mull trennt, steuere ich die BMW auf gut ausgebauter Straße durch die abwechslungsreiche Landschaft. Dichter Wald wechselt sich mit grünen Wiesen und Weiden und felsigen Küstenstreifen ab. Im sechsten

**Grüne Single-Track-Road am** Loch Awe.

Gang rauschen wir durch die Landschaft, ein paar lang gezogene Kurven sorgen für sportliche Schräglagen.

Kurz vor Kilmartin lockt uns eine dunkle Burgruine von der Straße: Carnasserie Castle. Um 1560 erbaut, wurde es gut 120 Jahre später schon wieder bei Kämpfen zerstört und nie wieder richtig aufgebaut. Heute ist es das ganze Jahr über frei zugänglich und natürlich klettern auch wir ein wenig in dem alten, ruinösen Gemäuer herum und genießen die schönen Ausblicke in das umliegende Glen.

## Archäologen-Traum

Nur drei Minuten später erreichen wir Kilmartin. Uns fällt gleich der mittelalterliche Friedhof im Dorf auf. Uralte Grabsteine und Kreuze liegen rund um die Kirche verteilt. Überhaupt scheint die schottische Vergangenheit in dieser Region besondere Spuren hinterlassen zu haben. Unglaublich viele historische und prähistorische Monumente liegen verstreut um das Dorf, Megalithen und Steingräber, Menire und Steinkreise, aber auch Duns und Forts, ein Traum für Archäologen und Forscher.

Vorbei am Kilmartin Hotel, einem schönen Bau aus dem 19. Jahrhundert mitten im Dorf, verlassen wir Kilmartin und kommen einige Minuten später bei Lochgilphead am Ufer des Loch Fyne an. Der tief eingeschnittene

**In ruinösem Zustand** ist das Carnasserie Castle.

**Der uralte Friedhof** von Kilmartin (oben) und fangfrische Krabben (rechts).



Meeresarm ist vor allem für seine großen Austernzuchten bekannt, die hier besonders gut gedeihen.

Kiki und ich können den glibberigen Tierchen, die rund um das Loch als Spezialität angeboten werden, eher weniger abgewinnen. Deshalb gönnen wir uns, im einige Kilometer südlich von Lochgilphead liegenden Tarbert,

lieber unsere Leib-und-Magen-Zwischenspeise: leckere schottische Scones. Diesmal sehr zur Freude der besten Sozia der Welt ohne Rosinen, aber dafür mit der köstlichen Clotted Cream. Das ist ein dicker Rahm aus Kuhmilch. Als Krönung gibt es hausgemachte Himbeermarmelade obenauf – ein Gedicht!

## Tor nach Kintyre

Das lebhafte Städtchen Tarbert gilt als das Tor nach Kintyre. Die gerade mal zwei Kilometer messende Landenge trennt die gut 70 Kilometer lange Halbinsel vom schottischen Festland. In Tarberts Hafen dümpeln jede Menge Fischer- und Freizeitboote, in

den vielen kleinen Läden des bei Touristen so beliebten Ortes gibt es ein abwechslungsreiches Angebot und in den Pubs und Restaurants locken frische Fischgerichte und Seefrüchte. Natürlich gibt es an der Seepromenade auch unsere heißgeliebten Fish'n'Chips. Über den Ort und den Hafen wachen die Ruinen des Royal Castle und bieten einen tollen Blick über die ganze Region.

Wir verlassen Tarbert, folgen dem gleichnamigen Loch Tarbert bis Kennacraig. Hier legen die Fähren auf die jenseits des Sound of Jura liegenden Inseln Jura und Islay ab. Vor allem Islay ist bei Whisky-Freunden beliebt. Nicht weniger als acht Destillerien tummeln sich auf dem Eiland. Unser Weg führt aber nicht über das Loch Tarbert, sondern über Kintyres nördliche Bergkette nach Claonaig an den Kilbrannan Sound.

An der bildschönen Küste mit ihrem dichten, grünen Gras und den pechschwarzen Felsen folgen wir zuerst den Schildern nach links in Richtung des Skipness Castle. „No Through Road" und „Single Track Road" warnen die Schilder – keine Durchgangsstraße. Ist aber auch kein Problem, wir düsen auf der spannenden Strecke auch nur bis

**Schöner wohnen: schmuckes** Haus bei Tarbert.

**Ganz im Norden** Kintyres liegt Tarbert (rechts). Das Lighthouse dagegen ganz im Süden (rechte Seite).

zum Castle, passieren zwischendurch den Fähranleger hinüber auf die Isle of Arran. Das Skipness Castle selber ist heute nur noch eine Ruine. Große Gefechte fanden hier nicht statt, irgendwann war es einfach nicht mehr nötig und wurde aufgegeben.

## Auf der Küstenstraße

Die B 842 führt uns weiter in südlicher Richtung entlang des Kilbrannan Sound. Mit schönem Blick auf die weit draußen im Meer liegende Isle of Arran folgen wir der Küstenstraße, es geht durch Crossaig und Grogport, nicht viel mehr als ein paar Häuschen und Höfe. Bei Carradale steige ich auf die Bremse und biege auf die B 879 ab. Eigentlich wollen wir nur dem kleinen Hafenort einen Besuch abstatten, aber der einladende Carradle Network Tearoom nur wenige Meter hinter der Abzweigung macht uns neugierig.

Er entpuppt sich auch als viel mehr als nur ein Tearoom. Hier gibt es in netter Atmosphäre leckere Salate, hausgemachte Beefburger, würzigen Ziegenkäse, Panini, Suppen und vieles mehr. Da wird die Wahl zur sprichwörtlichen Qual. Kiki und ich entscheiden uns für den frisch gegrillten Lachs auf Salat. Der schmeckt einfach fantastisch und verlangt nach einer Nachspeise. Also ordern wir noch einen süßen hausgemachten Kuchen. Das Fahrwerk der 850er müsste ich eigentlich danach neu einstellen.

Solchermaßen gestärkt nehmen wir die nächsten 25 Kilometer herrlicher Küstenstraße nach Campbeltown in Angriff. Das freundliche Hafenstädtchen liegt am Ende des gleichnamigen Lochs und ist die südlichste größere Siedlung Kintyres. Ab hier geht es weiter über Knocknaha in das Tal Conie Glen, das schließlich in Southend endet. Hier findet sich die Abzweigung zum Mull of Kintyre Lighthouse. Durch flaches Farmland, vorbei an friedlich grasenden Kühen und Schafen, lenke ich die BMW in Richtung des Kaps.

Bald ändert sich das Bild der Landschaft. Die Straße wird noch ein wenig

## AUTOREN-TIPP

Der **KINTYRE TRAIL** ist einer der schönsten Wanderwege Schottlands und perfekt für alle Motorradreisenden, die ihre Moppedstiefel auch mal gegen Wanderschuhe tauschen wollen.

Im schönen Hafenstädtchen Tarbert am Nordende der Halbinsel geht es los (**GPS** 55.863429, -5.415336 ). Der auch als Kintyre Way bekannte Weg endet nach rund 140 Kilometern am Südende Kintyres bei Dunaverty unweit von Southend. Der Wanderweg wurde im Jahr 2006 angelegt und eröffnet, er ist durchgängig mit blauen Markierungen gekennzeichnet. Im Großen und Ganzen gilt er als nicht besonders schwierig, aber als ausgesprochen interessant und aussichtsreich. Die Wegführung ist so angelegt, dass man fast immer das Meer und die schönsten Landschaften der Halbinsel im Blick hat.

Offiziell wird der Kintyre Trail in sieben Tagesetappen aufgeteilt. Die letzte Etappe ist jedoch die bergigste, und bei der Planung sollte der ungeübte Wanderer sie vielleicht auf zwei Tage aufteilen.

Alle Infos zum Trail und der Infrastruktur gibt es auf der Internetseite **www.scotlandsgreattrails.com**.

**An der Felsenküste** des Kilbrannan Sound.

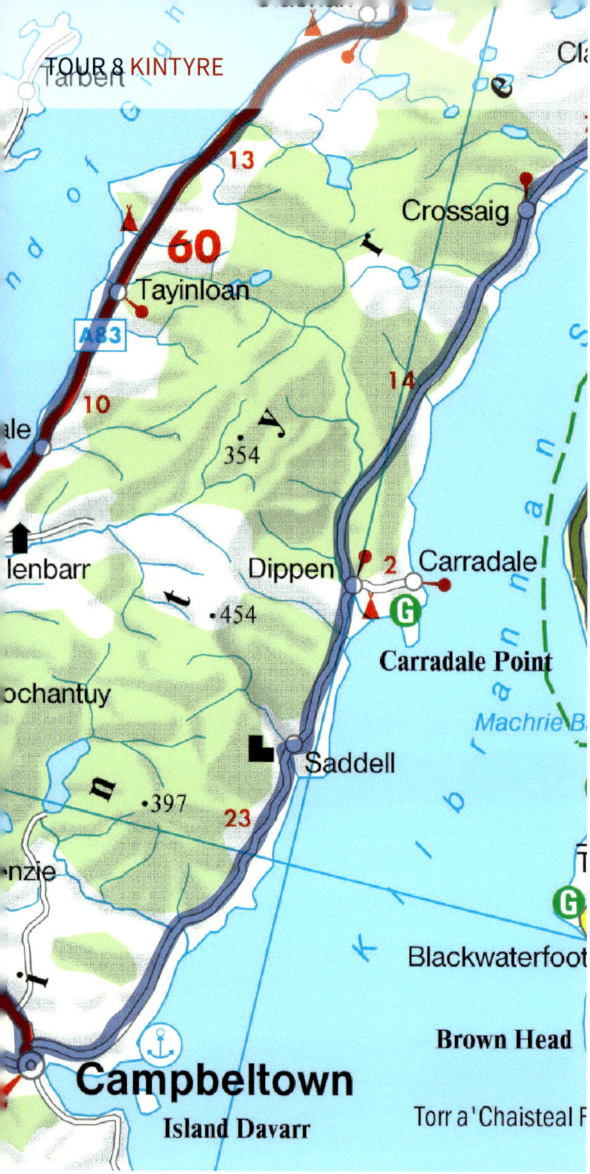


enger und steigt langsam aber stetig an. Immer weiter fällt unser Blick weit hinaus aufs Meer und die grandiose Landschaft. Nebelfetzen fliegen im Wind über den Weg. Einige Cattle Grids halten die unzähligen Schafe im Zaum. Dann kommt auch schon das Holzgatter in Sicht, an dem die Straße endet. „End of public road Turn here" heißt es schwarz auf weiß und ein kleiner, enger Parkplatz lässt Raum für einige Autos.

## Pauls Evergreen

Hinter dem Schild parke ich unser Mopped im Grün und zu Fuß legen wir die letzten Meter zum Aussichtspunkt am legendären Kap Mull of Kintyre zurück, dem Paul McCartney 1977 ein eigenes Lied widmete. Seitdem ist das Kap Kult. Nicht wenige Touristen kommen nur wegen des

**Panorama und Postkasten** am Mull of Kintyre.

Leuchtturm-Idylle im Süden Kintyres.

Titels in diese fantastische Region und wollen wissen, weshalb der Ex-Beatle nicht nur einen Dauerbrenner über das Landende schrieb, sondern sich hier auch niederließ. Wer tatsächlich bis hinunter zum Leuchtturm möchte, hat anstrengende Meter vor sich. Bergab ist alles prima, der Rückweg wird auf dem steilen Weg aber mühsam.

Eine gute Stunde sollte man für den Fußweg hin und zurück rechnen – mit Moppedkleidung kann das ganz schön ins Schwitzen bringen. Wir bleiben oben am Aussichtspunkt, genießen das grandiose Panorama bis hinüber zum gerade mal 20 Kilometer entfernt liegenden Nordirland – ein beeindruckender Anblick!

## Unzählige Sandbuchten

Durch das Conie Glen führt uns der Weg wieder zurück nach Campbeltown und in Richtung Norden. Diesmal entscheiden wir uns für die west-

**Prima Badestrand bei** Southend, im Süden Kintyres.

liche Seite der Halbinsel und entlang des Sound of Gigha genießen wir die A 83 bei herrlichem Sonnenschein. Unzählige kleine Sandbuchten liegen direkt neben der Straße, laden zur Pause und zum Baden. In zügigem Tempo fliegen wir die Küste entlang, den Geruch des Meeres in der Nase.

Erst viele Kilometer weiter, bei Clachan, wendet sich die Küstenstraße wieder ins Landesinnere, folgt dem Loch Tarbert. Für uns das Signal, kurz vor Kennacraig erneut die kurze, aber schöne Bergstrecke zu wählen, die uns über die B 8001 nach Claonaig führt. Auch diesmal biegen wir an ihrem Ende nach links ab, fahren aber nur bis zum kleinen, unauffälligen Fährhafen der Arran-Fähre. Die bringt uns über den Kilbrannan-Sound, hinüber zur Isle of Arran, auf dessen anderer Seite dann schon die Fähre nach Ardrossan wartet. Mit der Ankunft auf dem schottischen Festland ist damit das Ende dieser abwechslungsreichen Inselhopping-Runde erreicht. ◂

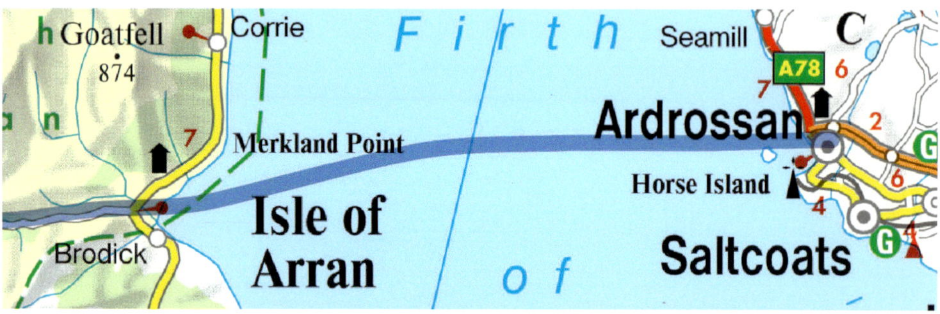

## INFOS ZUR TOUR

### CHARAKTERISTIK

Auch für diese Runde gilt: Hier gibt es von allem etwas. Kurvenreicher, griffiger Asphalt wechselt sich mit herausforderndem Untergrund auf engen Single Track Roads ab. Ganz im Süden gilt es, auf engen Wirtschaftswegen das Kap zu erreichen. Diese Tour garantiert viel Fahrspaß und mindestens genauso viel Abwechslung neben dem Asphalt.

### PÄSSE DER TOUR

Tour 8 kommt ohne Pässe aus, was ihre Faszination aber garantiert nicht beeinträchtigt.

### ÜBERNACHTUNG

**Kilmartin Hotel**
A816 (Ortsmitte)
Kilmartin, PA31 8RQ
Freundliches Hotel in einem renovierten Gebäude aus dem 19. Jahrhundert mit Whisky-Bar, leckerem Essen, urigem Ambiente und toller Stimmung.
**www.kilmartin-hotel.com**
**GPS** 56.133027, -5.485412

**Perle Oban Hotel**
Station Square
Oban, PA34 5RT
Gehobenes Hotel mit fabelhafter Ausstattung und perfektem Service in einem imposanten, historischen Gemäuer, nette Bar, prima Frühstück, zentrale, schöne Lage.
**www.perleoban.com**
**GPS** 56.412955, -5.472588

### KOMBINATIONSMÖGLICHKEITEN

Am Ausgangsort dieser Tour liegt Runde 9 ganz in der Nähe, am Ende lässt sich diese Tour mit Runde 10 kombinieren. Zusätzliche Kilometer sind aber darüber hinaus noch gewünscht? Dann empfiehlt sich eine Runde über die Halbinsel Knapdale im Norden von Kintyre.

# Kurven, Kuchen und **Kastelle**

Schottlands schönster See und die dicht bewaldeten Berge der Trossachs faszinieren auf dieser Runde ebenso wie die große Zahl historischer Bauten und beeindruckender Naturdenkmäler. Kurvenreicher Asphalt führt durch spannende Landschaften und in einladende Hafenstädtchen. Eine der spannendsten Motorradrouten der ganzen Insel.

**Es lockt der** Loch Lomond.

## TOUREN-STECKBRIEF

### STARTORT UND ZIELORT

Killin (56.468586, -4.317084)
Dunoon (55.970243, -4.909215)

### LÄNGE DER TOUR

ca. 245 km

### DAUER DER TOUR

6 Stunden

### ROADBOOK

Killin, Callander, Aberfoyle, Drymen, Helensburgh, Tarbet, Crianlarich, Kilchurn Castle, Cladich, Inverary, Clachan, Dunoon.

### HIGHLIGHTS

Die Fahrt durch die dicht bewaldeten Trossachs zwischen Callander und Aberfoyle ist Kurvenspaß par excellence. (56.178649, -4.384702 / Ortsmitte Aberfoyle).

Loch Longs östliche Uferstrecke umgeht die viel befahrene A 82 und macht garantiert nicht weniger Freude. (56.155550, -4.798414).

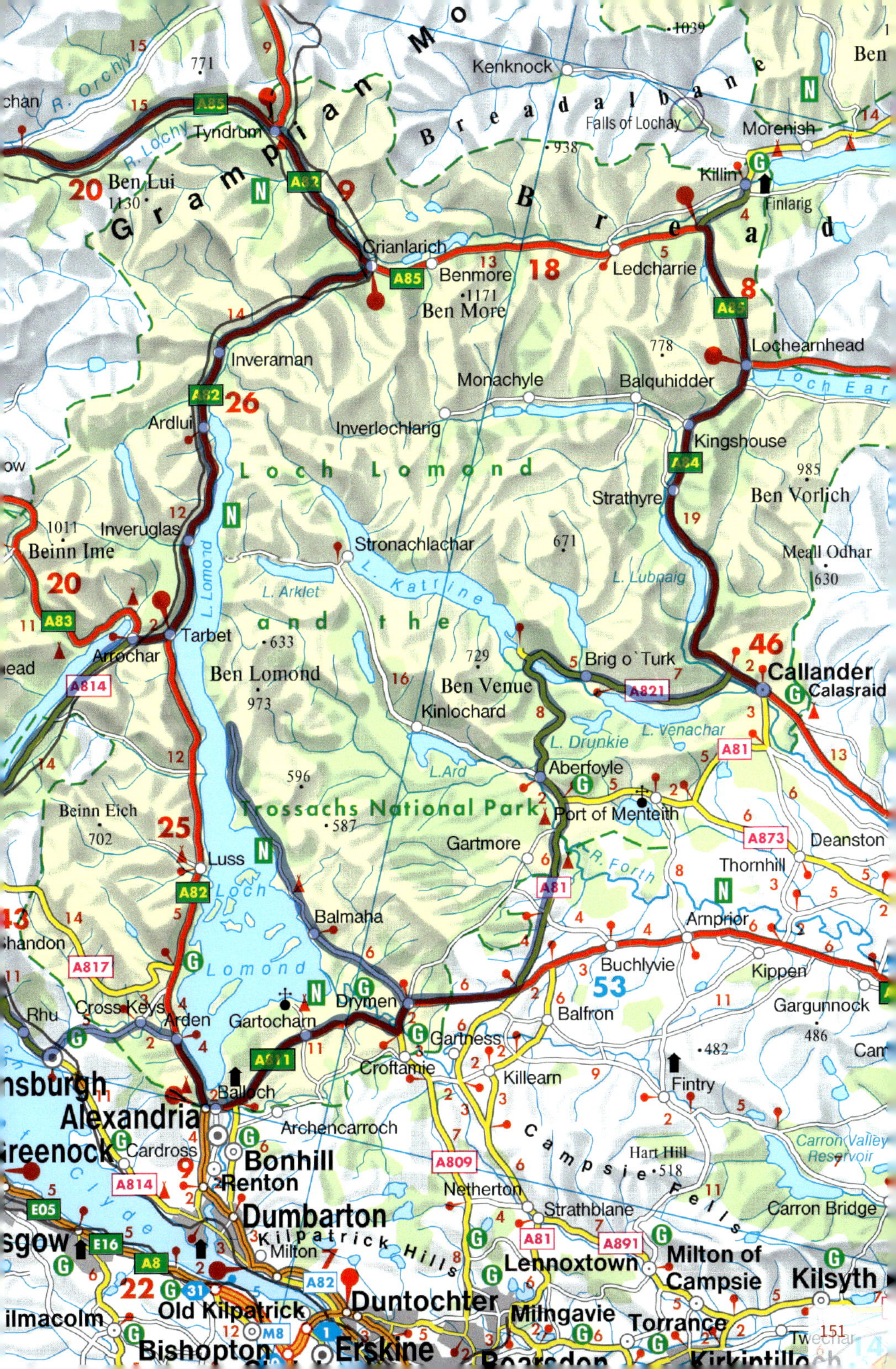

Grampian Mountains
Breadalbane
Kenknock
Falls of Lochay
Morenish
Killin
Finlarig
Tyndrum
R. Orchy
R. Lochy
Ben Lui
1130
771
938
1039
Crianlarich
Benmore
Ben More
1171
Ledcharrie
Lochearnhead
Loch Earn
778
Inverarnan
Monachyle
Balquhidder
Inverlochlarig
Ardlui
Kingshouse
Strathyre
Ben Vorlich
985
Meall Odhar
630
Loch Lomond and the Trossachs National Park
Inveruglas
Beinn Ime
1011
Stronachlachar
L. Katrine
L. Arklet
L. Lubnaig
671
L. Lomond
Tarbet
Arrochar
633
Ben Lomond
973
729
Ben Venue
Brig o`Turk
Callander
Calasraid
Kinlochard
L. Drunkie
L. Venachar
L. Ard
Aberfoyle
Port of Menteith
596
587
Beinn Eich
702
Luss
Gartmore
R. Forth
Deanston
Thornhill
Balmaha
Arnprior
Buchlyvie
Kippen
Shandon
Drymen
Balfron
Gargunnock
486
Rhu
Cross Keys
Arden
Gartocharn
Gartness
Croftamie
Killearn
482
Fintry
Helensburgh
Alexandria
Balloch
Archencarroch
Campsie Fells
Carron Valley Reservoir
Greenock
Cardross
Bonhill
Renton
Hart Hill
518
Netherton
Strathblane
Carron Bridge
Dumbarton
Kilpatrick Hills
Milton
Lennoxtown
Milton of Campsie
Kilsyth
Old Kilpatrick
Duntochter
Milngavie
Torrance
Kilmacolm
Bishopton
Erskine
Bearsden
Twechar
Kirkintilloch
A85
A82
A84
A83
A814
A821
A81
A873
A817
A811
A809
A891
A8
E05
E16
M8

**Dampft schon seit** 120 Jahren: die SS Sir Walter Scott.

Fragt man die Schotten, welcher der vielen Seen in ihrem Land denn der Schönste sei, kommt bei vielen die Antwort wie aus der Pistole geschossen: „Der Loch Lomond!" Mit über 70 Quadratkilometern ist der nicht nur der größe See Schottlands, es ist auch der mit den meisten Inseln. Je nach Wasserstand schwankt die Zahl zwischen 30 und 60. Umgeben ist der Süßwassersee vom großen „Loch Lomond and the Trossachs National Park".

**Kurvenspaß in den** Trossachs.

## Bewaldete Bergkette

Genau dahin machen Kiki und ich uns heute auf die Reifen. In aller Frühe kehren wir unserem netten Campingplatz bei Killin am Loch Tay den Rücken und steuern auf der A 84 die Trossachs an. Die Trossachs, das ist die dicht bewaldete Bergkette zwischen dem schönen Örtchen Callander und dem bei Wanderern und Touristen so beliebten Loch Katrine. Am Pass of Leny, einem Tal bei Callander, verlassen wir die breit ausgebaute A 84 dann auch und schon sind wir mittendrin im dichten Grün. Nur kurz öffnet sich der Wald am Loch Venachar, lässt uns einen kurzen Blick aufs Wasser werfen, bevor die Straße einen Bogen um das Loch Achray macht. Und genau hier, im Knick der A821 nach Aberfoyle, liegt die schnell zu übersehende Abzweigung ans Loch Katrine. Es wäre schade, hier keinen Stopp einzulegen. Hier verläuft nicht nur der spannende Trossachs Trail, ein abwechslungsreicher Wanderweg, hier startet auch täglich das Dampfschiff SS Sir Walter Scott zu interessanten Touren auf dem Loch Katrine.

Eine Fahrt mit dem im Jahr 1900 vom Stapel gelaufenen, 115 Tonnen schweren Dampfer ist ein echtes Erlebnis. Eigentlich wollen wir nur ein Foto machen und parken etwas weiter entfernt, aber gleich kommt der freundliche Parkwächter und meint, wir sollten doch gleich bis zum Boot vor-

Wie Achterbahn – nur durch das Grün.

fahren, dann bräuchten wir nicht so weit zu laufen – sehr freundlich.

Zurück auf der A 821 folgen wir dem Schild nach Aberfoyle. Mal wieder warnt ein kleines, mobiles Schild vor „Grass cutting", einer Tätigkeit, die dem Schottlandreisenden regelmäßig am Straßenrand begegnet. Aber auch diesmal scheint es sich mehr um ein vergessenes Schild zu handeln. Dafür passieren wir gleich darauf das Loch Achray Hotel, ein schön und einsam gelegener, mondäner Bau aus dem Jahr 1868, der sich auch heute noch mitten in den Trossachs bei naturverbundenen Urlaubern großer Beliebtheit erfreut.

Entspannt rollen wir oberhalb des Loch Achray durch saftige grüne Wiesen hindurch, an weiß leuchtenden Birken vorbei. Der Asphalt windet sich mit unzähligen sanften Kurven durch die hügelige Landschaft. Auch hier teilen sich nur wenige Autos die Straße mit uns. Irgendwann sto-

**Softeis können die** Schotten.

Historische Häuserzeile in Tarbert.

ßen wir auf die Abzweigung zum Three Lochs Forest Drive, eine sehr schön gelegene Waldstrecke, die zu einem abgelegen, idyllischen Campingplatz an einem der vielen Seen führt. Wir bleiben auf unserer Strecke, werden mit immer mehr Kurven belohnt und rollen schließlich über den Duke's Pass, der in einer sagenhaften Höhe von 243 Metern über eine flache Kuppe führt. Klingt nicht spektakulär, aber die Strecke macht dennoch richtig Spaß.

## Poetisches Zentrum

Aberfoyle, das kleine, sympathische Zentrum, nennt sich nicht zu Unrecht „The Gateway to the Trossachs". Spätestens seit Sir Walter Scotts poetischem Gedicht „The Lady of the Lake" aus dem Jahr 1910 ist es in aller schottischen Munde und stets gut besucht. Am interessanten Scottish Wool Cen-

Ruine des Kilchurn Castle.

tre gleich neben dem Tourist-Info gönnen wir uns ein leckeres Eis und schauen einem Schäfer zu, dessen schlauer Hund auf Zuruf eine kleine Herde aufteilt und sortiert. Dass es sich dabei nicht etwa um Schafe handelt, sondern um eine Schar Enten, macht die Sache nur umso spannender.

In Aberfoyle lässt sich getrost ein ganzer Tag verbringen. Mountainbike-Verleih, gemütliche Coffee-Shops mit vielen Bänken im Freien, das Wool Centre, ein guter Fish & Chips Laden, einige andere Läden und vieles mehr locken hierher. Wir füllen noch den Tank unserer BMW, dann düsen wir weiter auf der A 81 in Richtung Loch Lomond.

## Nächstes Ziel: Sackgasse

In Drymen heißt es, sich zu entscheiden: Soll es zügig weitergehen auf der Tour oder lockt der Abstecher an die wenig erschlossene, aber bildschöne Ostseite des Loch Lomond nach Rowardennan? Wir entschließen uns für Letzteres. Das Schild dorthin trägt den Hinweis „No road beyond Rowardennan“, will heißen: Sackgasse!

Das macht aber nichts, die Strecke lohnt sich dennoch, liegt dort doch auch das National Park Centre, das auch einen Besuch wert ist. Und wer eine Runde wandern möchte, ist dort ebenfalls richtig, denn am Ende des Abstechers wartet der Ben Lomond. Mit 974 Metern Höhe ist er der höchste Gipfel des Naturparks. Wer den Wanderweg auf seinen höchsten Punkt schafft, wird mit einer unglaublichen Fernsicht belohnt.

Auf der westlichen Seite des Loch Lomonds führt die sehr breit ausgebaute A 82 gen Norden. Die kann man fahren, sie hat einige ganz nette Aussichtspunkte. Das muss man aber nicht. Wesentlich reizvoller ist die parallel verlaufende A 818/A 814, die zuerst durch Helensburgh und im weiteren Verlauf landschaftlich sehr schön entlang des Loch Long führt. Natürlich entscheiden wir uns für diese Strecke, kommen dann später bei Tarbet wieder auf den schöneren Abschnitt der A 82.

Genau dort liegt auf den letzten Metern vor der A 82 linker Hand der Tarbet Tearoom. Ein nettes Café, dessen Interieur man sich unbedingt ansehen sollte. Zudem schmeckt der Kuchen richtig gut. Vorbei am nördlichen Ausläufer des Loch Lomond passieren wir kurz vor Crianlarich das Glen Falloch. Crianlarich markiert etwa die Mitte des Fernwanderweges West Highland Way, hier treffen sich Eisenbahnlinie und zwei alte Militärstraßen und der Ort selber nennt sich „Tor zu den Highlands“. Für uns schwenkt die Route in westliche Richtung und durch das schöne Tal Glen Lochy nehmen wir Kurs auf das Loch Awe und Kilchurn Castle.

**Schöner tafeln im** Tarbet Tearoom.

Kilchurn Castle: Kaum eine Burgruine vermittelt uns so viel

**An den Falls** of Dochart.

## AUTOREN-TIPP

**HIGHLAND-GAMES** sind in Schottland jahrhundertealte Tradition. Bei den Highland-Gatherings, wie sie auch genannt werden, traten schon die Highland-Clans gegeneinander an, als es im hohen Norden noch gar keinen Tourismus gab. Heute ist das bunte Spektakel so beliebt wie nie und wird in vielen Orten vor allem im Sommermonat August ausgetragen. Es gibt zwar nicht immer die gleichen Wettkämpfe, aber diverse Spielarten haben sich mittlerweile bei den Wettkämpfen etabliert.

Beim bekannten Baumwerfen, dem „tossing the taber“ wird ein mächtiger Kiefernstamm geworfen, der sich dabei überschlagen und möglichst in der Flucht liegen bleiben soll. Das klassische Tauziehen nennt sich „tug of war“ oder „rope war“ und war sogar mal olympische Disziplin. Beim „putting the weight“ wird ein Gewicht mehrere Meter hoch über eine Latte geworfen, wobei die Technik auch darüber entscheidet, ob der Werfer gesund vom Platz geht. „Putting the stone“ entspricht dem Kugelstoßen. Das Hammerwerfen nennt sich „throwing the hammer“, wobei der Hammer oft nur ein runder Stein mit einem Holzstiel ist.

Ein echter Zuschauermagnet ist das „Highlanddancing“, besonders der Schwerttanz auf zwei gekreuzten Säbeln. Größere Highlandgames sind auch mit einem Berglauf, dem „hillrace“ kombiniert. Wie der Name schon sagt, geht es ab in die Berge, eine schweißtreibende Angelegenheit.

Unter **www.visitscotland.com** lässt sich als Suchbegriff „Highlandgames“ eingeben. Dann erscheinen nicht nur viele interessante Infos zum Sport, sondern auch ein riesiger Veranstaltungskalender, der alle Spiele aufführt.

**Loch Na Bi** glitzert eingebettet im Glen Lochy.

schottisches Flair wie dieses einsam im Loch Awe liegende Gemäuer. Fast immer, wenn Kiki und ich in Schottland sind, stellen wir unser Mopped auf dem Parkplatz an der A 85 ab und gehen die letzten Meter über den schmalen Fußweg und die kleine Halbinsel hinaus ins Loch, lassen uns ins grüne Gras neben der Burg fallen und genießen die Ruhe, die Natur und die mystische Stimmung.

Erstaunlicherweise gab es außer einer kurzen Belagerung niemals heftige Kämpfe um die etwa 1420 errichtete Burg. Ihr Aus erhielt die Festung erst 1760 nach einem Blitzschlag und dem darauf folgenden verheerenden Feuer. Ein sehr schönen Blick auf das Castle gibt es auch von der A 819,

die östlich des Loch Awe verläuft – genau unsere Richtung. Und nur gut 15 Meilen, also rund 25 Kilometer weiter rollen Kiki und ich schließlich in eines unserer schottischen Lieblingsstädtchen ein: nach Inveraray.

## Alte Bausubstanz

Das gut geschützt im Loch Fyne liegende Hafendorf entstand erst in den Jahren nach 1743, als das nur wenige Minuten entfernt liegende Inveraray Castle neu errichtet wurde. Inveraray begeistert vor allem durch seine vielfältige, alte Bausubstanz. So ist nicht nur ein großer Teil des Dörfchens selbst denkmalgeschützt, sondern auch viele Bauten und Brücken

um den Ort herum. Nicht weniger als 33 Objekte stehen bei Inveraray auf der Liste der Denkmäler. Hier lassen sich gut und gerne zwei, drei Tage verbringen und immer Neues entdecken. Zum Beispiel das Gefängnis, in dem lebensechte Figuren und Schauspieler einen spannenden Eindruck vermitteln, wie es hier einst zuging. Auf Wunsch bekommen Besucher sogar einen deutschsprachigen Audioguide.

Nicht weniger interessant ist das mächtige Inveraray Castle, der Stammsitz der Dukes of Argyll. Der riesige Burgsaal ist mit seiner Höhe von 21 Metern der höchste Saal Schottlands und beherbergt unter anderem eine imponierende Sammlung alter Waffen ab dem 16. Jahrhundert mit Musketen, Äxten, Schwertern und nicht zuletzt dem originalen Dolch des schottischen Volkshelden Rob Roy.

Wer etwas ganz anderes sehen möchte, sucht in der Hauptstraße den kleinen Laden „The Christmas Dove" auf. Hier gibt es das ganze Jahr über witzige, aber auch sehr schöne Weihnachtsdeko und andere Geschenk-

**Das Inveraray Castle** ist der Stammsitz der Dukes of Argyll.

Historische Brücke bei Inveraray.

ideen. Wer auf handfestere Dinge steht, sucht gleich nebenan den Loch Fyne Whiskies-Laden auf, der eine riesige Auswahl bester schottischer Tropfen bereithält – und bestens darüber informiert.

## Lebhafter Hafenort

Über die fast 250 Jahre alte Aray-Bridge lassen wir bald Inveraray hinter uns, umrunden das nördliche Ende des Loch Awe und steuern über die A 815 vorbei am Loch Eck schließlich Dunoon an. Der lebhafte Hafenort ist eine wichtige Fähr-Verbindung über den Firth of Clyde in die größte schottische Stadt Glasgow, die gerade mal gute 30 Kilometer Luftlinie entfernt liegt.

Für uns ist Dunoon der Schlusspunkt dieser Runde um die Trossachs und den Loch Lomond. Mit der Tour durch den äußersten Südwesten Schottlands steht morgen die nächste Runde an, aber das ist dann schon wieder ein ganz neues Kapitel. ◂

## INFOS ZUR TOUR

### CHARAKTERISTIK

Die kurvenreiche Fahrt durch die Trossachs, die enge, aber sehr schöne Uferstrecke am Loch Long, die schnellen Abschnitte durchs Glen Lochy – hier ist für jede Menge Abwechslung gesorgt. Entspannt lassen sich alle Etappen dieser Tour auf gutem Asphalt genießen, eine Fahrt zum Relaxen.

### PÄSSE DER TOUR

Ja, zwischen dem Loch Katrine und Aberfoyle gibt es tatsächlich einen Pass. Der Duke's Pass führt in rekordverdächtigen 243 Metern Höhe über einen Hügel der Trossachs.

### ÜBERNACHTUNG

**Inveraray Inn**

Front Street (Hauptstraße am Hafen)
Inveraray, PA32 8XB
Nettes Hotel in toller Lage mit Blick auf Loch Fyne, freundliche Bar mit 250 Jahren Geschichte, gutes Essen und Frühstück.
**www.inveraray-inn.co.uk**
**GPS** 56.231824, -5.073601

**The Lake Of Menteith Hotel**

Port Of Menteith
Aberfoyle, FK8 3RA
Super Lage mit Blick auf den See, liebevoll ausgestattet, sehr freundliches Team, gutes Essen, schöne und gemütliche Außenanlage.
**www.lake-hotel.com**
**GPS** 56.182376, -4.283588

### KOMBINATIONSMÖGLICHKEITEN

Kombinieren lässt die Tour ums Loch Lomond und die Trossachs sehr gut mit der westlich liegenden Tour 8 aber auch mit der Tour 10 im Süden. Wenn mehr Kilometer gewünscht sind, bietet sich noch ein Abstecher ans südöstliche Ufer des Loch Fyne nach Otter Ferry an.

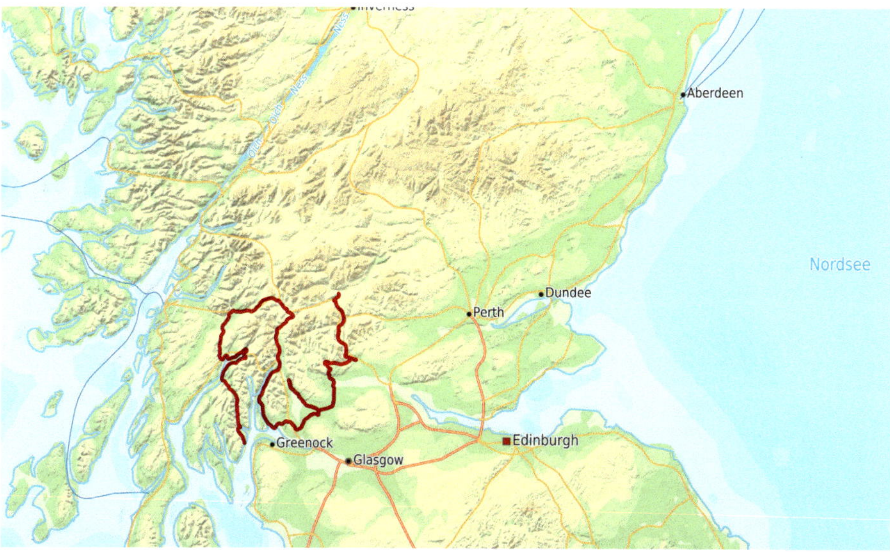

# Im **Südwesten**

Die unbekannte Region um den Galloway Forest Park wartet mit spaßigen Motorradstrecken durch weitläufige, bergige Landschaften auf. Von Küste zu Küste geht es entlang dunkler Nadelwälder und unendlicher Wiesen und Weiden, immer der Grenze nach Nordengland entgegen.

**Es grünt und** blüht im Galloway Forest Park.

Ayr
Mossblown
Sorn
Limmerhau
Annbank
Catrine
Doonfoot
Coylton
Ochiltree
Auchinleck
A70
Dunure
Alloway
Drongan
Lugar
Logan
Culroy
Dalrymple
Cumnock
Culzean
Hollybush
Sinclairston
Skares
Glen
Maidens
Crossraguel Abbey
Rankinston
Turnberry
Kirkoswald
Maybole
Kirkmichael
Patna
A76
A713
New Cum
Waterside
Connel Park
Crosshill
Straiton
A77
Dalmellington
Killochan
Dailly
Old Daily
56
C a r r i c k
A714
Barr
Loch Doon Castle
Loch Doon
Big Carlae
Pinwherry
Carsphairn
G a l l o w a y
F o r e s t
P a r k
Rhinns of Kells
Knowehead
Barrhill
Merrick
843
Corserine
814
48
Bruce Memorial
Drumlamford
L. Trool
St John´s Town of Dalry
Bargrennan
Clatteringshaws Loch
Clachaneasy
Bogue
Bruce's Stone
New Galloway
Balmaclellan
A712
Kenmure Castle
A762
Carseriggan
Corsock
Minnigaff
Cairnsmore of Fleet
Newton Stewart
Loch Grannoch
25
22
A75
Parton
E18
Kirkcowan
Crossmichael
Malzie
Laurieston
Clarebrand
Stone Circle
Loch Ken
Castle Loch
Creetown
Fleet Valley
Glenlochar
Threave
Mochrum Loch
Wigtown
Culshabbin
Anworth
Ringford
Rhonehouse
Gatehouse of Fleet
Cardoness
Kirkinner
Whauphill
A747
Tongland
34
Mochrum
Little Sypland
Sorbie
Standing Stones
Islands of Fleet
Wigtown
The Machars
Port William

## TOUREN-STECKBRIEF

### START- UND ZIELORT

Ayr (55.467744, -4.640026),
Dumfries (55.067779, -3.616866)

### LÄNGE DER TOUR

ca. 240 km

### DAUER DER TOUR

6 Stunden

### ROADBOOK

Ayr, Dunure, Turnberry, Maybole, Straiton, Glentrool, Newton Stewart, New Galloway, Balmaclellan, Crocketford, Rockcliffe, Sandyhills, New Abbey, Dumfries.

### HIGHLIGHTS

Die einsamen Strecken durch den Galloway Forest Park machen richtig Laune und bieten Natur pur (55.144736, -4.577600 / etwa mittig bei Loch Moan).

Schöne Panoramen über die breiten Sandbänke bei Sandyhills bietet die A 710 (54.881153, -3.720151).

South Ayrshire oder Dumfries and Galloway – schon mal gehört? Wahrscheinlich eher nicht! Das ist schade, aber nicht wirklich verwunderlich. Die beiden Councils, was in Deutschland wohl am ehesten einem großen Kreisgebiet entspricht, liegen ganz im Südwesten Schottlands und werden deshalb bei der Anreise in die Highlands gerne links liegengelassen und auf dem Rückweg bleibt eh keine Zeit dafür. Kiki und ich mögen die Region.

Vor allem der Galloway Forest Park hat es uns angetan, seitdem wir vor vielen Jahren das erste Mal, von der Isle of Aran kommend, den Bogen über Schottlands äußerste südwestlichste Ecke fuhren. Die liegt übrigens gerade mal 40 Kilometer von der nordirischen Küste entfernt. Bei schönem Wetter kann man von hier bis zur Küste bei Belfast schauen.

## Geschichtsträchtige Stadt

Dieses mal starten wir unsere Tour in Ayr. Mit fast 50 000 Einwohnern eine moderne, aber dennoch geschichtsträchtige Hafen- und Universitätsstadt. Vorbei an den steilen Klippen des Heads of Ayr führt uns die A 719 entlang der Küste. Im kleinen Nest

**Hafen mit Coffee** Shop: Dunure Harbour.

Dunure Castle war einst eine stolze Festung.

Fisherton, kurz vor der Abzweigung ans Fischerdörfchen Dunure, fischt die Polizei gleich mehrere Fahrer aus dem Verkehr. Hier wird vor der örtlichen Primary School kräftig geblitzt. Glück für uns, dass wir im Touri-Modus unterwegs sind und es nicht so eilig haben. Britische Strafzettel sind bekanntlich teurer als bei uns.

Der kleine Hafen von Dunure empfängt uns mit strahlender Sonne unter blauem Himmel. Im Harbour View Coffee Shop holen wir uns einen Kaffee und schauen den Jungs des Ortes zu, wie sie vom Turm an der Hafeneinfahrt ins eiskalte Wasser springen. Mir wird schon beim Zuschauen frisch. Nur ein paar Meter weiter südlich des Hafens liegen die Überreste des Dunure Castle. Viel ist nicht mehr übrig von der einst stolzen Festung, in der sogar die schottische Königin Maria Stuart einige Nächte verbrachte.

Wesentlich besser erhalten und geradezu mondän ist dagegen Culzean Castle, das ebenfalls etwas südlich von Dunure direkt an der Küste liegt. Für steht heute aber eher das Fahren als Kultur auf dem Programm, also folgen wir der schönen Küstenstrecke bis Turnberry, wo wir anschließend mit einem großen Schlenker über Kirkoswald und dem netten Ort Maybole auf die B 7045 abbiegen.

## Kurvenreiche Straße

Hier beginnt bald der Galloway Forest Park. Der schon 1947 gegründete und fast 800 Quadratkilometer große Park ist heute ein beliebtes Ausflugsziel für

outdoorbegeisterte Schotten. Auch Kiki und ich sind begeistert. Regelmäßig steigt die kurvenreiche Straße an und gibt herrliche Blicke auf das umliegende Land frei. Riesige hellgrüne Wiesen und Weiden wechseln sich mit dunklen und dichten Wäldern ab. Am Horizont steigen die Galloway Hills auf, an deren Flanken sich Grün mit grauem Fels abwechselt. Überall blühen lilafarbene Stauden und Gräser und außer uns ist hier kaum ein Mensch unterwegs. Außer zwei Motorradfahrern begegnet uns auf mehr als zehn Meilen kein einziges anderes Fahrzeug.

Erstaunt bin ich, als uns gleich mehrere Schilder vor „Red Squirrels“ warnen. Weshalb ausgerechnet hier so viele Eichhörnchen ihr Unwesen

treiben, dass dafür extra Verkehrsschilder aufgebaut werden, erschließt sich uns nicht wirklich. Und ganz ehrlich, eine Kollision mit einem durch-

schnittlich 250 Gramm schweren Eichhörnchen sollte in der Regel auch nur für das Nagetierchen schlecht ausgehen. Glücklicherweise müssen wir das in der Praxis nicht austesten. Keines dieser putzigen Tiere lässt sich bei unserer Tour blicken.

## Für Outdoor-Fans

Ein bisschen begleiten wir den vor sich hin plätschernden Wiesenfluss Water of Minnoch, dann lockt uns bei Glentrool das ausgeschilderte Glentrool Visitor Centre von der Straße. Hier finden sich alles, was sich der outdoorbegeisterte Urlauber wünscht: erstklassige und spannende Wanderwege, jede Menge Infos, eine einladende Cafeteria mit hervorragenden Speisen und nicht zuletzt eine Station der „7stanes mountain bike trail centres".

Die ausgeschilderten Mountainbike-Strecken gehören zu den schönsten Schottlands und wer möchte, kann sich in der Region auch Bikes leihen und damit auf tolle Touren gehen. Wir belassen es für heute bei unseren so geliebten Scones mit Konfitüre und machen uns bald weiter auf die Reifen. Unser nächstes Ziel ist Newton Stewart. Der nette Ort, direkt am

**Der Galloway Forrest** Park lockt mit fantastischen Strecken …

**… und blühendem** Grün, warnt aber auch vor Eichhörnchen (l. Seite).

**Galloways Küste lädt** zum Baden und Rasten ein.

**Perfekt fürs Picknick:** Clatteringshaws Loch im Naturpark.

## AUTOREN-TIPP

Nur ein paar Minuten östlich von Dumfries, dem Ende dieser Runde, liegt **GRETNA GREEN**. Aus England kommend ist Gretna Green der erste Ort in Schottland (**GPS** 55.005141, -3.062997). Seine besondere Popularität hat der eigentlich sonst gar nicht so spektakuläre Ort dem Hardwick Marriage Act zu verdanken. Dieses Gesetz verbot ab 1754 in England heimliche Hochzeiten – ganz schlecht für junge Paare, die sich unbehelligt durch ihre Eltern das Jawort geben wollten. Die praktische Lösung: rüber nach Schottland und dort heiraten. Dafür reichten damals zwei Zeugen und ein Mindestalter von 16 Jahren.

Die schlauen Schotten nutzten das redlich aus, der Dorfschmied traute mit einer kleinen Feier über dem Amboss, Zeugen gab's gleich dazu. Gegen harte Münzen, versteht sich. Mitte des 19. Jahrhunderts erließen die Schotten ein Gesetz, dass die Heiratswilligen wenigstens die 21 Tage zuvor in Schottland gewesen sein mussten. Gut für die Gasthäuser in Gretna Green, die sich eine goldene Nase verdienten.

1940 war Schluss damit: Der Gesetzgeber verbot diese Art der Vermählungen. Nichtsdestotrotz kommen auch heute noch Paare nach Gretna Green und lassen sich trauen. Nur zum Schein, aber für echte Scheine.

**www.gretnagreen.com**.

Ufer des Flusses Cree gelegen, bietet einige interessante Läden. Hier lassen sich auch gute Mountainbikes leihen, es gibt eine Tankstelle, einige empfehlenswerte Restaurants und Bars und sogar einen deutschen Discounter. Campingplatz und Unterkünfte dürfen natürlich auch nicht fehlen.

## Trennender Meeresarm

Noch im Ort überqueren wir den River Cree und folgen der New Galloway Road. Vorbei an niedrigen Steinmauern, grasenden Schafen und weithin gelb leuchtendem Ginster düsen wir weiter durch den Naturpark, nun in nordöstlicher Richtung. Das in der Sonne blau funkelnde Clatteringshaws Loch und New Galloway, die kleinen Dörfchen Crocketford und Dalbeattle sind die weiteren Stationen bevor wir schließlich bei Rockcliffe auf die Küste des Solway Firth stoßen. Der Meeresarm trennt hier das

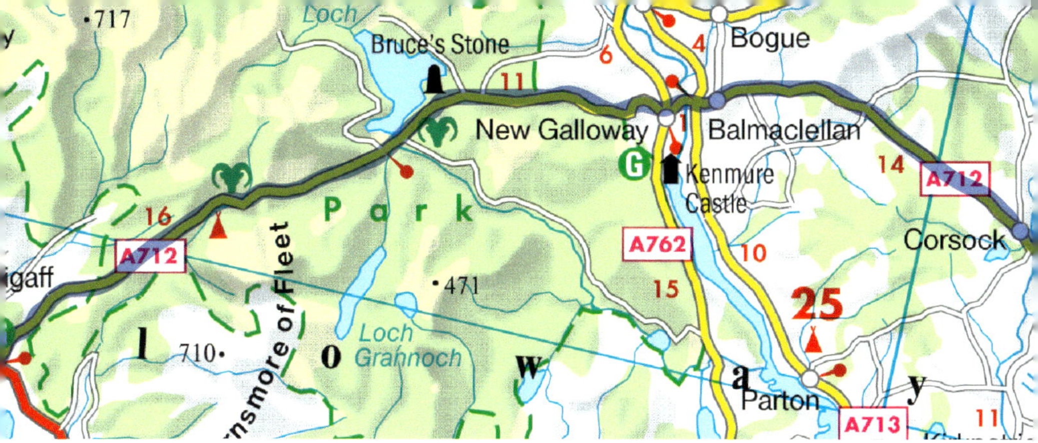


südwestliche Schottland von Cumbria, dem nordwestlichsten County von England.

An der leicht hügeligen Küste liegen jede Menge sandige und einladende Badebuchten, freundliche Guesthouses und viele B&B laden zum Badeurlaub. Vorsicht sollte man jedoch im recht weiten Watt der Bucht walten lassen. Die Flut kommt relativ schnell und es gibt einige gefährliche Treibsandstellen. Einen schönen Blick über die Küste bietet der direkt neben der Straße liegende Aussichtspunkt, nur wenige Minuten weiter bei Sandy Hills.

## Interessante Bauwerke

Der River Nith unterbricht bald die Küstenlinie und mit einem Schlenker ins Landesinnere nehmen wir Kurs auf New Abbey. In dem Ort liegen gleich

**Kirche ohne Dach:** Sweetheart Abbey.

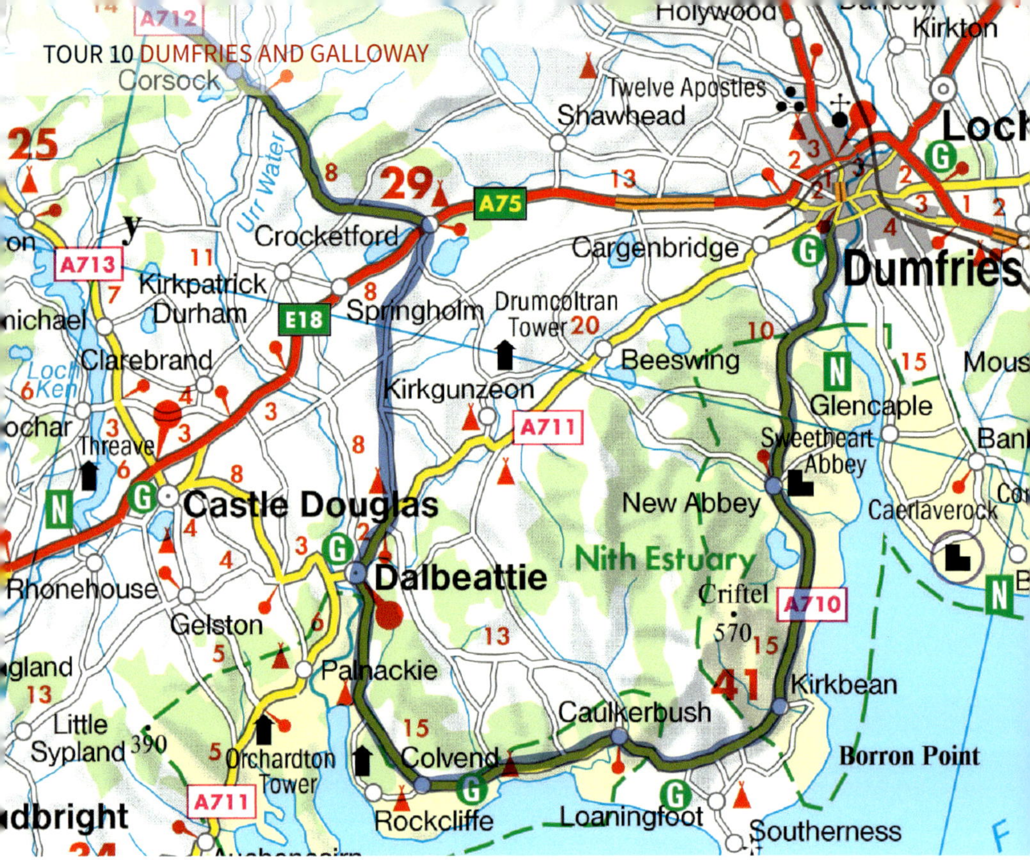


zwei interessante Bauwerke. Die inzwischen liebevoll restaurierte Mühle New Abbey Corn Mill steht seit dem 18. Jahrhundert am Westrand des Dorfes und beherbergt heute ein anschauliches Mühlenmuseum. Ein kleiner Laden und der heimelige Picknickplatz machen das Angebot perfekt.

Nicht weit weg von der Mühle ragen die Überreste der Sweetheart Abbey in den Himmel. 1273 als Zisterzienserkloster gegründet, ist die Abtei aus tiefrotem Sandstein heute nur noch eine Ruine, die mit ihren noch vorhandenen Bögen und dem Turm aber immer noch beeindruckt. Als Kiki und ich das Kirchengelände durch ein kleines ürchen betreten, schnappt die Falle zu und wir müssen Eintritt bezahlen. Viel mehr als von außen sehen wir auf der kleinen Wiese auch nicht. Wir buchen es als Spende in den Erhalt der schottischen Kultur.

Knapp zehn Kilometer nördlich endet unsere Route durch den äußersten Südwesten Schottlands in Dumfries. Die 30 000 Einwohner-Stadt hat Einiges zu bieten. Neben dem historischen Ortskern wartet sie mit der mehrere Jahrhunderte alten Devorgilla Bridge und der imposanten Crichton Memorial Church auf. Bis zur Grenze hinüber nach England sind es dann nur noch knappe 20 Meilen. ◂

## INFOS ZUR TOUR

### CHARAKTERISTIK

Kein Stress, keine fahrerischen Herausforderungen, aber landschaftlich schöne Strecken, auf denen es sich entspannt reisen und relaxen lässt. Die letzte Tour dieses Schottlandbandes ist der perfekte Abschluss eines gelungenen Motorradurlaubes, bei dem Schottland auch seine unbekannte Seite zeigt.

### PÄSSE DER TOUR

Pässe gibt es im äußersten Südwesten Schottlands keine.

### ÜBERNACHTUNG

**The Farmers Inn**
Main Street Clarencefield
Dumfries, DG1 4NF
Uriger, sehr stimmungsvoller Gasthof /Pub mit netten Zimmern und einer tollen Atmosphäre, leckere Bar Meals und gutes Frühstück, sehr nette Gastgeber.
**www.farmersinn.co.uk**
**GPS** 55.002645, -3.420707

**Woodland Bay Hotel**
Woodland Farm
Girvan, KA26 0HP
Modernes, helles und freundliches Hotel mit großer Außenanlage, schönen Zimmern, nettem Team, gutem Essen in strandnaher, schöner Lage.
**www.woodlandbayhotel.co.uk**
**GPS** 55.217357, -4.873142

### KOMBINATIONSMÖGLICHKEITEN

Die letzte Tour dieses Schottlandbandes lässt sich mit Tour 1 kombinieren, aber auch mit Tour 8 über die Arran-Insel. Wem die Kilometer noch nicht reichen, der hängt einen Abstecher zum Mull of Galloway am äußersten südwestlichsten Zipfel Schottlands an.

## KLIMA | WETTER | REISEZEIT

Nichts wird bezüglich einer Schottlandreise mit dem Motorrad so kontrovers und intensiv diskutiert wie das Wetter. Bekanntlich lassen sich an einem einzigen Tag in den Highlands alle Jahreszeiten erleben und die regionalen Unterschiede sind bisweilen erstaunlich. Grundsätzlich herrscht in Schottland ozeanisches Klima mit mäßig warmen Sommern und eher milden Wintern. Der Golfstrom sorgt für relativ warmes Wasser und damit für entsprechendes Klima. Während es an der Nordwestküste über das Jahresmittel an zwei von drei Tagen regnet, fällt auf der Ostseite sehr viel weniger Niederschlag, da die Berge des Hochlandes als Regenfänger dazwischenliegen. Der Südwesten dagegen liegt wiederum im Regenschatten von Irland.

Voraussagen bezüglich der Temperatur und des Regens sind so gut wie unmöglich. Wir hatten schon verregnete 14 Tage, während Freunde von uns in den drei Wochen zuvor fast ausschließlich blauen Himmel sahen. Generell gilt, am besten auf alles vorbereitet sein, Regen erwarten und sich über Sonne erfreuen. Ändern kann man eh nichts und ganz ehrlich, Schottland kann auch bei Regen wunderschön sein.

Die Statistik sagt, dass es von März bis Juni am wenigsten regnet, ab Oktober nimmt der Niederschlag wieder deutlich zu. Die höchsten Temperaturen bieten Juni, Juli, August. Unter dem Strich währen also die Monate Mai und Juni die perfekte Reisezeit für eine Motorradtour nach Schottland. Aber nicht vergessen: Innerhalb eines Tages kann sich das Wetter komplett ändern und wenn es an der Westküste zu sehr regnet, kann man sich auch einfach mal schlau machen, wie denn gerade das Wetter an der Ostküste ist.

Ein Ratschlag trifft jedoch immer zu: Eine Investition in hochwertige, warme und trockene Motorradkleidung ist für jede Schottlandtour ein Garant für entspanntes und genussvolles Reisen.

## PRAKTISCHES, LINKS

Wer einen Schutzbrief des ADAC oder eines anderen Clubs hat, dem wird in der Regel kompetent bei allen Notlagen geholfen. Darüber hinaus helfen im Notfall die Vertretungen der Heimatländer kompetent weiter:

**DEUTSCHES GENERALKONSULAT**
16 Eglinton Crescent
Edinburgh EH12 5DG
T: +44 (0)131 337 23 23

**ÖSTERREICHISCHES HONORARKONSULAT**
15 Old Fishmarket Close
Edinburgh EH1 1RW
T. +44 (0)131 6 18 28 19

**SCHWEIZER GENERALKONSULAT**
58/2 Manor Place
Edinburgh EH3 7EH
T. +44 (0)131 2 25 93 13

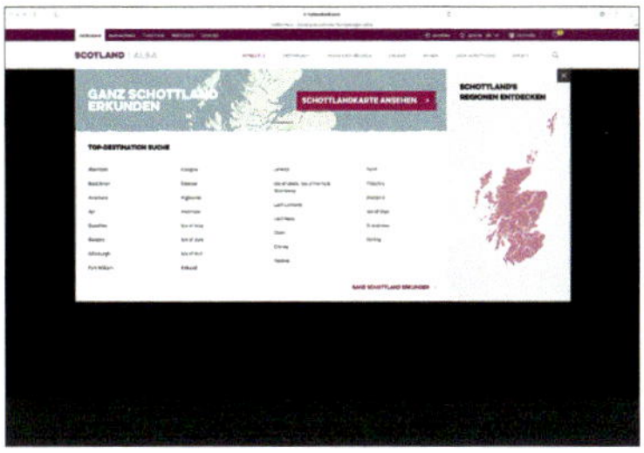


**www.visitscotland.com** ist der offizielle Internetauftritt des „Scotland's national tourist board" und hält jede Menge Infos auch in deutscher Sprache bereit.

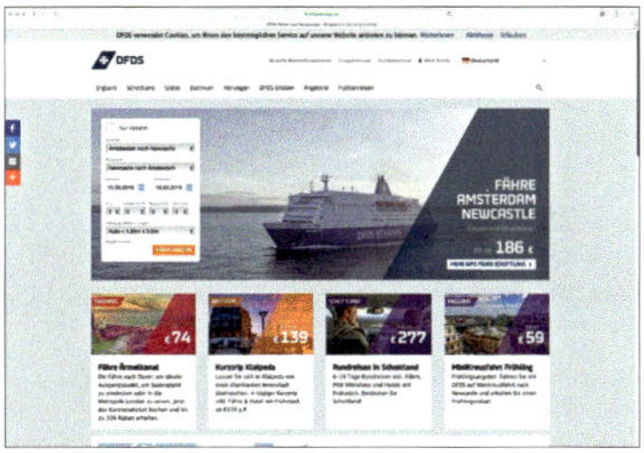


**www.dfdsseaways.de** ist die Internetseite der Fährreederei DFDS und randvoll mit tollen Tipps, Vorschlägen und natürlich allen Infos zur Überfahrt.

**www.komoot.de** ist ein spannendes Outdoor-Portal. Wer dort mal nach Schottland sucht, wird mit interessanten Wandervorschlägen und tollen Fotos belohnt, die Lust auf mehr machen.

**www.visitbritain.com** ist die Internetseite der „British national tourism agency", die ebenfalls ausführlich über Schottland informiert.

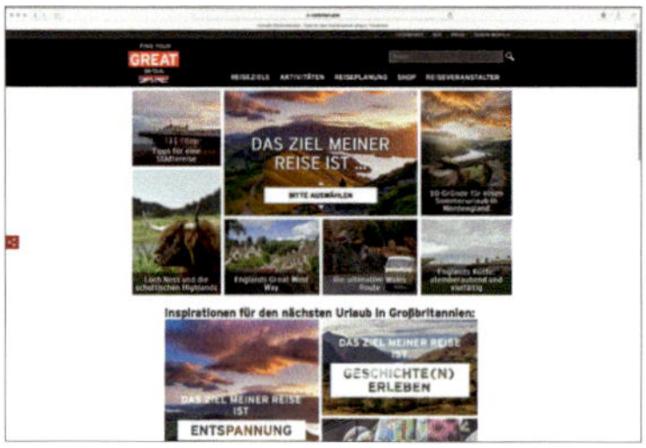


Sehr hilfreich sind in Schottland auch die örtlichen Touristinfo-Büros, die häufig in größeren Orten existieren. Hier gibt es Infos, Broschüren, Karten, freundliche Hilfe bei der Suche nach Unterkünften und Campingplätzen und mehr.

## ANREISE

Viele Wege führen nach Rom. Das gilt natürlich auch für die Anreise mit dem Motorrad nach Schottland. Wir haben schon vieles ausprobiert: Die kürzeste Verbindung zwischen dem Kontinent und Großbritannien via Fähre von Calais nach Dover, die schnellste Verbindung via Tunnel von Calais nach Folkestone sowie verschiedene andere Fährverbindungen zwischen England und dem Festland. Unser Fazit steht jedoch ganz eindeutig fest. Für uns ist die angenehmste Variante die DFDS-Fähre zwischen dem niederländischen Ijmuiden bei Amsterdam und dem nordenglischen Newcastle. Abends rollt man bei Amsterdam fix auf die Nachtfähre und am nächsten Morgen geht es nahe der schottischen Grenze bei Newcastle upon Tyre entspannt und erholt von Bord.

Ganz nach persönlichem Gusto lässt sich die Überfahrt gestalten. Innen- oder Außenkabine oder Premiumkabine, Abendbüfett oder À-la-carte oder einfach nur ein Picknick an Bord, ganz wie man möchte. Die Preise variieren je nach Jahreszeit und Wochentag, wer früh bucht oder ein Sonderangebot nutzt, kann richtig Geld sparen. Alle Informationen dazu finden sich im Netz unter **www.dfdsseaways.de**, dort lässt sich natürlich auch online buchen. Natürlich kosten die kurzen Überfahrten wie zum Beispiel zwischen Dover und Calais deutlich weniger. Dabei sollte man jedoch alle weiteren Kosten für Benzin, Reifen, Verschleiß, Übernachtungen, Verpflegung, etc. für mindestens zweimal 600 Kilometer nicht vergessen. Rechnet man dann bei der Anreise via Südengland noch die verlorene Urlaubszeit hinzu, ist man schnell bei einer positiven Bilanz für die Nachtfähre via Amsterdam.

Wer dennoch über Süd- oder Mittelengland anreisen möchte, findet eine große Anzahl diverser Fährverbindungen unter den gängigen Buchungsportalen wie **www.aferry.de** oder www.directferries.de. Aufgrund der nahezu täglich schwankenden Fährpreise ist es nicht sonderlich sinnvoll, dazu eine Empfehlung zu geben. Grundsätzlich sollte man verschiedene Wochentage anfragen und wenn machbar so früh wie möglich buchen.

## LITERATUR | REISEFÜHRER | KARTEN

Unsere Standardkarte für Schottland ist die MICHELIN Regionalkarte Schottland 501 im Maßstab von 1.400.000. Sie kostet 8,99 Euro und enthält Stadtpläne für Edinburgh und Glasgow.

Neben regionalen Reiseführern, die es oft auch vor Ort gibt, ist der „lonely planet" unser Standard-Reiseführer: Lonely Planet Reiseführer Schottland, 556 Seiten, Euro 22,99

ISBN 978-3-829745-49-9

## UNTERKUNFT

In Schottland werden alle Arten von Übernachtungsmöglichkeiten angeboten. Einen Platz für die Nacht zu finden, ist relativ einfach. Wir haben damit noch nie ein Problem gehabt. Es sind eine riesige Zahl B&B, Guesthouses und Hotels am Straßenrand ausgeschildert. Einzig in den Haupt-Ferienmonaten Juli und August kann die Suche schon mal etwas länger dauern. Dann kann es schon mal hilfreich sein, Unterkünfte vorher zu reservieren. Dies geht problemlos über die oben genannten Internetseiten oder die einschlägigen Portale wie www.booking.com. Spontanes Übernachten sollte allerdings ein wenig abseits der Hauptorte das ganze Jahr über möglich sein. In den jeweiligen Kapiteln haben wir hilfreiche Tipps zur Übernachtung angegeben, die uns gut gefallen.

In ganz Schottland gibt es eine große Zahl sehr schöner Campingplätze in allen möglichen Größen und Ausstattungen. Manche Campingplätze nehmen jedoch keine reisenden Touristen oder Zeltler auf. Eine große Zahl Plätze ist sehr einfach ausgestattet, aber dafür auch recht preiswert und oft in toller Lage. Das „Wildcampen" in Schottland ist grundsätzlich erlaubt. Rücksichtnahme und Sauberkeit sollten dabei selbstverständlich sein, damit sich das auch in Zukunft nicht ändert.

Der neueste Trend beim Camping sind die gemütlichen und urigen Holzhütten von Wigwam-Holidays, die sich oft auf landschaftlich sehr schön gelegenen Arealen finden. Unter www.wigwamholidays.com/scotland findet sich eine Übersicht über mittlerweile gut 15 Plätze, auf denen sich die einladenden Häuschen mieten lassen. Rechtzeitiges Buchen ist zu empfehlen, die Hütten sind schnell ausgebucht.

## EIN HERZ FÜR SCHOTTLAND

Hinter der liebevoll gestalteten Internetseite **www.schottlandfieber.de** stehen Heike und Marcus Häuptner, die ihr Herz komplett an Schottland verloren haben. Auf ihrer Seite haben die beiden Wahl-Duisburger Unmengen an Informationen und Wissenswertem über ihr Lieblingsland zusammengetragen.

Marcus tourt bereits seit Anfang der neunziger Jahre mit dem Motorrad durch Schottland. Einige Jahre später übertrug sich seine Begeisterung dann auch auf Heike. Seit 2003 fahren die beiden nicht nur gemeinsam durchs Leben, sondern auch mindestens einmal jährlich durch Schottland – wenn es ihre Zeit erlaubt aber gerne auch öfter.

Die Website der beiden informiert über die schottische Geschichte, über Whisky und Traditionen, Regionen, Unterkünfte, Feiertage und Festivals und vieles mehr.

Für dieses Buch haben Heike und Marcus ihr Wissen über Edinburgh beigesteuert. Natürlich haben die beiden speziell zu Edinburgh noch viel mehr in petto. Ihr geballtes Wissen über die schottische Hauptstadt erscheint als eBook bei amazon.
Der Band „Edinburgh To Go“ bietet auf 420 Seiten unzählige Fotos und zwölf Karten von Edinburgh. Ähnlich umfangreich ist das zweite eBook der Beiden: „Borders To Go“, das sich mit der Grenzregion Schottlands nach England beschäftigt. Beide eBooks sind in der Kindle Edition für je 6,99 Euro erhältlich.

# Kleiner **Sprachführer**

Für eure Motorradreise nach Schottland sind hier die wichtigsten englischen Begriffe und Redewendungen zusammengestellt.

**Hinweise zur Aussprache**

Der Dialekt, den die Schotten sprechen, heißt „Scots“ und nicht „Scotch“. Letzteres ist nur das Getränk.

Wichtig ist die Betonung des r: Schotten rollen das r mehr, ähnlich wie die Bayern

**Wichtige Vokabeln:**

| | |
|---|---|
| aye | yes, ja |
| loch | lake, See |
| ben | mountain, Berg |
| twa | two, zwei |
| glen | valley, Tal |

## VERSTÄNDIGUNG

| | |
|---|---|
| ja / nein | yes / no |
| was / wann / wo / hier | what / when / were / here |
| Sprechen Sie Deutsch? | Do you speak german? |
| Haben Sie mich verstanden? | Did you understand me? |
| Ich habe verstanden. | I did understand that. |
| Ich habe das nicht verstanden. | I did not understand that. |

## BEGRÜSSUNG | VERABSCHIEDUNG

| | |
|---|---|
| Hallo | hi / hello |
| Guten Tag / Abend. | How do you do? / Good evening. |
| Wie geht es Dir / Ihnen? | How are you? |
| Danke, gut. Und Dir / Ihnen? | Thanks, I‘m fine! And you? |
| Auf Wiedersehen / tschüs | See you / bye |

## KENNENLERNEN

| | |
|---|---|
| Ich heiße… | My name is / I‘m… |
| Wie heißt Du / heißen Sie? | What‘s your name? |
| Woher kommst kommen Sie/Du? | Where do you come from? |
| Ich komme aus Deutschland / Österreich / der Schweiz | I‘m from Germany / Austria / Switzerland. |

### HÖFLICHKEIT

| | |
|---|---|
| Bitte | Please ! Oder „You‘re welcome“ (als Antwort auf „Danke“) |
| Vielen Dank | Thank you (very much) |
| Könnten Sie mir bitte helfen? | Can you help me please? |
| Entschuldigen Sie! | Sorry! |
| Das tut mir leid! | I‘m sorry! |
| Das macht nichts! | That‘s okay / That doesn‘t matter! |

### NOTRUFNUMMERN IN SCHOTTLAND (generell: 999)

999 (Polizei) | 999 (Feuerwehr) | 999 (Rettungswagen)

### UNTERKUNFT

| | |
|---|---|
| Wo ist die Touristeninformation? | Where is the tourist office? |
| Können Sie mir ein gutes Hotel / preiswertes Hotel / eine Pension empfehlen? | Could you please recommend a good hotel / cheap hotel / B&B? |
| Wie komme ich dorthin? | How do I get there? |
| Haben Sie ein Einzelzimmer / Doppelzimmer frei? | Do you have a single room / double room available? |
| Wie viel kostet es? | How much is it? |
| Ich nehme es! | I take it! |

### WETTER

| | |
|---|---|
| Was sagt der Wetterbericht? | What‘s the weather forecast? |
| Es wird schön / warm / heiß / schwül / kalt / schlecht | It will be nice / warm / hot / sticky / cold / bad. |
| Es wird regnen | It looks like rain. |
| Es wird ein Gewitter kommen | A thunderstorm is coming up. |
| Sonne | sun |

### RUND UMS BIKEN

| | |
|---|---|
| Anlasser | starter |
| Auspuff | exhaust |
| Ersatzteil | spare |
| Führerschein | driving licence |
| Grenze | border |
| Zoll | customs |
| Helm | helmet |
| Kreuzung | crossroads |
| Licht | light |
| Maut | road charge |
| Öl | oil |
| Parkplatz | parking |
| Reifen | tyre |
| Reifendruck | tyre pressure |
| Schlüssel | key |
| Straße | road / street |
| links / rechts / geradeaus | left / right / straight on |
| ziemlich weit | a long way off |
| nicht weit | not far away |
| zurück | backwards |

**FÄHRE**

| | |
|---|---|
| Wann fährt die nächste Fähre nach …ab? | When does the ferry to … leave? |
| Wie lange dauert die Überfahrt nach …? | How long will the crossing to …take? |
| Wann legen wir in…an? | When does the ferry land in …? |

**UNTERWEGS**

| | |
|---|---|
| Entschuldigung, wo ist …? | Excuse me, where is …? |
| Wie komme ich zu / nach…? | How do I get to …? |
| Können Sie mir das bitte auf der Karte zeigen? | Can you please show me that on the map? |
| Wie viele Minuten mit dem Motorrad? | How many minutes does it take on the motorcycle? |
| Ist das die Straße nach…? | Is this the road to …? |
| Wie komme ich zur Autobahn? | How do I get to the highway? |
| Wo kann ich mein Motorrad abstellen? | Where can I park my motorcycle? |
| Wie hoch ist die Gebühr für ein Motorrad? | What is the fee for a motorcycle? |

**ESSEN UND TRINKEN**

| | |
|---|---|
| essen / trinken | eat / drink |
| Wo gibt es hier ein preiswertes / typisches Restaurant? | Where is a cheap / typical restaurant? |
| Einen Tisch für … Personen bitte! | A table for … persons please! |
| Die Speisekarte bitte! | The menu please! |
| Kann ich noch etwas zu essen bekommen? | Can I have something to eat? |
| Ich möchte nur etwas trinken. | I just want a drink. |
| Suppe | soup |
| kalte Vorspeisen | cold dishes |
| Fleischgerichte | meat dishes |
| Fisch | fish |
| Gemüse | verdura |
| Beilagen | side dishes |
| Käse | cheese |
| Getränke | drinks / beverages |
| Brot | bread |
| Bier | beer |
| Rotwein / Weißwein | red wine / white wine |
| Kaffee | coffee |
| Wasser (mit / ohne Mineralwasser) | sparkling water / still water |
| Tasse | cup |
| Glas | glas |
| Teller | plate |
| Messer / Gabel / Löffel | knife / fork / spoon |

| | |
|---|---|
| Schüssel | bowl |
| Flasche | bottle |
| Die Rechnung bitte. | The bill, please. |
| Frühstück / Mittagessen / Abendessen | breakfast / lunch / dinner |
| bestellen | to order |
| bezahlen | to pay |

**RUND UM DIE PANNE / DEN UNFALL**

| | |
|---|---|
| Bitte helfen Sie mir! | Please help me! |
| Ich habe kein Benzin mehr. | I am out of gas. |
| Wo ist die nächste Tankstelle? | Where is the nearest gas station? |
| Ich habe eine Reifenpanne. | I have a flat tire. |
| Ich habe eine Motorpanne. | I have an engine failure. |
| Die Batterie ist leer. | The battery is flat. |
| kaputt | broken / destroyed |
| Wie teuer wird die Reparatur ungefähr sein? | How much are we talking about? |
| Machen Sie bitte nur das Nötigste! | Just do the essential repairs, please. |
| Wann ist es fertig? | When will it be ready? |
| Wo ist die nächste Werkstatt? | Where is the nearest garage? |
| Es ist nicht meine Schuld! | It‘s not my fault! |
| Ich hatte Vorfahrt! | I had the right of way! |
| Sie sind zu schnell gefahren! | You drove too fast! |
| Sie haben zu wenig Sicherheitsabstand gehalten! | You have kept too little safety distance! |
| Zeuge | witness |
| Es ist ein Unfall passiert! | An accident happend! |
| ... Personen sind (schwer) verletzt. | ... persons are (seriously) injured. |
| Rufen Sie bitte schnell die Polizei / die Feuerwehr / einen Krankenwagen! | Please call the police / fire department / ambulance immediately. |
| Ich bestehe darauf, die Polizei zu rufen! | I insist to call the police! |

**GRUNDZAHLEN**

| | |
|---|---|
| 0 | one |
| 1 | one |
| 2 | two |
| 3 | three |
| 4 | four |
| 5 | five |
| 6 | six |
| 7 | seven |
| 8 | eight |
| 9 | nine |
| 10 | ten |
| 11 | eleven |
| 12 | twelve |
| 13 | thirteen |
| 14 | fourteen |
| 15 | fifteen |
| 16 | sixteen |
| 17 | seventeen |
| 18 | eighteen |
| 19 | nineteen |
| 20 | twenty |
| 30 | thirty |
| 40 | forty |
| 50 | fifty |
| 60 | sixty |
| 70 | seventy |
| 80 | eighty |
| 90 | ninety |
| 100 | hundred |
| 200 | two hundred |
| 1000 | thousand |
| 2 000 | two thousand |

## MALLORCA

Der Deutschen liebste Insel wird mitunter scherzhaft auch als 17. Bundesland bezeichnet. Doch erst abseits des berühmt-berüchtigten Ballermanns zeigt die größte Balearen-Insel, was wirklich in ihr steckt.

Mallorca ist von dem breiten Gebirgszug Serra de Tramuntana durchzogen. Wer sich dort auf die kleinen Straßen wagt, wird mit schwindelerregenden Kurven belohnt. Die Hügellandschaft Serra de Lievant ist deutlich niedriger, deshalb aber nicht weniger spektakulär, und auch die Täler im Inselinneren begeistern Motorradreisende mit ihren meisterlich angelegten Kurvenstraßen.

Acht ausführliche beschriebene Motorradtouren zum Nachfahren für den Kurztripp oder die längere Reise mit:

- vielen Insidertipps des Autors
- ausführlichem Kartenmaterial mit eingezeichneter Route
- praktischen Hinweisen zu Streckenlänge, Etappen, Charakteristik und den beliebtesten Attraktionen – nicht nur für Motorradfans
- Hotels, die sich auf Motorradfahrende Gäste freuen
- GPS-Daten zum Download

ISBN 978-3-937063-51-5 EUR 22,95

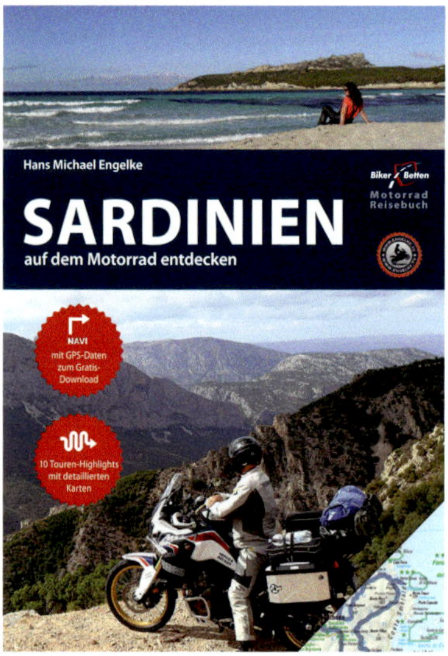


ISBN 978-3-937063-53-9 EUR 22,95

## SARDINIEN

In eurem Motorradurlaub möchtet Ihr euch so richtig schwindelig fahren? Dann seid Ihr in dieser Region mehr als perfekt aufgehoben. Ganz egal, wohin man von einer schmalen Départementstraße in die nächste abbiegt:

Hinter jeder Ecke warten berauschende Kurven, griffiger Asphalt und einzigartige Naturspektakel.

Hinzu kommen einige der höchsten befahrbaren Straßenpässe Europas sowie die legendäre Alpenstraße Route des Grandes Alpes.

Zehn ausführlich beschriebene Motorradtouren zum Nachfahren für einen Kurztrip oder die längere Reise mit

- vielen Insidertipps des Autoren
- ausführlichem Kartenmaterial mit eingezeichneter Route
- praktischen Hinweisen zu Streckenlänge, Etappen, Charakteristik und den beliebtesten Attraktionen – nicht nur für Motorradfans
- Hotels, die sich auf Motorradfahrende Gäste freuen
- GPS-Daten zum Download.

ISBN 978-3-937063-49-2 EUR 22,95

## FJORD-NORWEGEN

Die zerklüftete Küste im Südwesten Norwegens wird von den namensgebenden Fjorden, aber auch mächtigen Bergen sowie von Gletschern und hunderten von Wasserfällen geprägt – es ist eine Spielwiese par excellence für alle Motorradfahrer!

Obwohl die Höhe des zentralen Gebirges kaum die 1500-Meter-Marke erreicht, prägt sich dem Reisenden ein Landschaftsbild von hochalpinem Charakter ein. Auf dem Motorrad zu entdecken gibt es abwechslungsreiche Nationalparks, die sich durch dramatische Landschaften erstrecken, sowie einzigartige, von Menschenhand erschaffene Attraktionen.

Zehn ausführlich beschriebene Motorradtouren zum Nachfahren für einen Kurztrip oder die längere Reise mit:

- vielen Insidertipps des Autoren
- ausführlichem Kartenmaterial mit eingezeichneter Route
- praktischen Hinweisen zu Streckenlänge, Etappen, Charakteristik und den beliebtesten Attraktionen – nicht nur für Motorradfans
- Hotels, die sich auf Motorradfahrende Gäste freuen
- GPS-Daten zum Download.

## PYRENÄEN

Wie eine gewaltige Mauer trennen die Pyrenäen die iberische Halbinsel vom restlichen Europa ab. Wer vom Mittelmeer aus in das Gebirge fährt, kann sich ganz allmählich in eine Landschaft vortasten, die noch viel mehr zu bieten hat als Gipfel und Grate. Dieses Hochgebirge zwischen Frankreich und Spanien bietet eine Vielzahl von unberührten Strecken auf unterschiedlichsten Höhenmetern. Eine Landschaft, die das Motorradfahrerherz jubilieren lässt!

Zehn ausführlich beschriebene Motorradtouren zum Nachfahren für den Wochenendausflug oder die längere Reise mit:

- vielen Insidertipps des Autoren
- ausführlichem Kartenmaterial mit eingezeichneter Route
- praktischen Hinweisen zu Streckenlänge, Etappen, Charakteristik und den beliebtesten Attraktionen – nicht nur für Motorradfans
- Hotels, die sich auf Motorradfahrende Gäste freuen
- GPS-Daten zum Download

ISBN 978-3-937063-36-2 EUR 22,95

## KORSIKA

Die französische Mittelmeerinsel verfügt nicht nur über einen politischen Sonderstatus, sondern auch über eine landschaftliche Vielfalt, die ihresgleichen sucht. Auf nur gut 9.000 Quadratkilometern präsentiert sie sich als Paradies für kurvenhungrige Motorradreisende. Man findet hier bestens ausgebaute Küstenstraßen mit atemberaubenden Ausblicken aufs Meer und im Landesinneren endlose Serpentinen in den Hochgebirgen. Jeder Meter wird auf Korsika zum reinsten Fahrvergnügen...!

Zehn ausführlich beschriebene Motorradtouren zum Nachfahren für einen Kurztrip oder die längere Reise mit:

- vielen Insidertipps des Autoren
- ausführlichem Kartenmaterial mit eingezeichneter Route
- praktischen Hinweisen zu Streckenlänge, Etappen, Charakteristik und den beliebtesten Attraktionen – nicht nur für Motorradfans
- Hotels, die sich auf Motorradfahrende Gäste freuen
- GPS-Daten zum Download.

ISBN 978-3-937063-38-6 EUR 22,95

## FRANZÖSISCHE ALPEN

ISBN 978-3-937063-36-2 EUR 22,95

In eurem Motorradurlaub möchtet Ihr euch so richtig schwindelig fahren? Dann seid Ihr in dieser Region mehr als perfekt aufgehoben. Ganz egal, wohin man von einer schmalen Départementstraße in die nächste abbiegt:

Hinter jeder Ecke warten berauschende Kurven, griffiger Asphalt und einzigartige Naturspektakel.

Hinzu kommen einige der höchsten befahrbaren Straßenpässe Europas sowie die legendäre Alpenstraße Route des Grandes Alpes.

Zehn ausführlich beschriebene Motorradtouren zum Nachfahren für einen Kurztrip oder die längere Reise mit:

- vielen Insidertipps des Autoren
- ausführlichem Kartenmaterial mit eingezeichneter Route
- praktischen Hinweisen zu Streckenlänge, Etappen, Charakteristik und den beliebtesten Attraktionen – nicht nur für Motorradfans
- Hotels, die sich auf Motorradfahrende Gäste freuen
- GPS-Daten zum Download.

ISBN 978-3-937063-37-9 EUR 22,95

## KROATIEN

Die blau-schimmernde Adria ist schon seit Jahrzehnten einer der Sehnsuchtsorte deutscher Urlauber. Mittlerweile hat sich herumgesprochen, dass Kroatien auch ein mehr als perfektes Bike-Revier bietet.

So kann man von der Jadranska Magistrale, der noch zu Titos Zeiten angelegten Küstenstraße, auf fast 1.000 Kilometern von Norden nach Süden cruisen – gerne mit Inselhopping auf die eine oder andere der angeblich mehr als 1.000 Eilande des Landes. Dazu kommt das spannende Hinterland mit grandiosen Serpentinenstraßen und spektakulären Nationalparks.

Zehn ausführlich beschriebene Motorradtouren zum Nachfahren für einen Kurztrip oder die längere Reise mit:

- vielen Insidertipps des Autoren
- ausführlichem Kartenmaterial mit eingezeichneter Route
- praktischen Hinweisen zu Streckenlänge, Etappen, Charakteristik und den beliebtesten Attraktionen – nicht nur für Motorradfans
- Hotels, die sich auf Motorradfahrende Gäste freuen
- GPS-Daten zum Download.

## SLOWENIEN

Das kleine Land an der Schnittstelle von Alpen und Adria wird von Motorradreisenden meist schmählich ignoriert. Wenn überhaupt nutzt man es als Transitstrecke auf den weiteren Weg gen Süden. Dies ist ein großer Fehler!

Mit seiner landschaftlichen Vielfalt muss sich Slowenien vor seinen größeren Nachbarn keinesfalls verstecken. Zu entdecken sind nicht nur wilde Flusslandschaften, sondern auch tolle Passstraßen: Achterbahnfahren ist im Vergleich dazu ein Kinderspiel.

Zehn ausführlich beschriebene Motorradtouren zum Nachfahren für den Wochenendausflug oder die längere Reise mit:

- vielen Insidertipps des Autoren
- ausführlichem Kartenmaterial mit eingezeichneter Route
- praktischen Hinweisen zu Streckenlänge, Etappen, Charakteristik und den beliebtesten Attraktionen – nicht nur für Motorradfans
- Hotels, die sich auf Motorradfahrende Gäste freuen
- GPS-Daten zum Download

ISBN 978-3-937063-36-2 EUR 22,95

1. Auflage 2019 | © 2019


**HERAUSGEBER**

TVV Touristik-Verlag GmbH | Werner Henschel Str. 2 | D-34233 Fuldatal-Ihringshausen
Tel.: +49 - (0) 561/400 85 - 0 | Fax: +49 - (0) 561/400 85 - 21
info@bikerbetten.de | www.bikerbetten.de

Vertretungsberechtigter Geschäftsführer: Peter Schmitz
Registergericht: Kassel | Registernummer: 13254
Umsatzsteuer-Identifikationsnummer gemäß § 27 a Umsatzsteuergesetz: DE813611060

**REDAKTION** Hans Michael Engelke, www.engelke.tv

**FOTOS** Angelika und Hans Michael Engelke, www.engelke.tv;

Grampian Transport Museum (S. 58, 59); Marcus Häuptner (S. 40, 41, 42, 43, 181)

**UMSCHLAGGESTALTUNG** TVV Touristik-Verlag GmbH

**KARTENBASIS** © FREYTAG-BERNDT u. ARTARIA KG, 1230 VIENNA, AUSTRIA, EUROPE

freytag & berndt
www.freytagberndt.com
© FREYTAG-BERNDT u. ARTARIA KG, 1230 VIENNA, AUSTRIA, EUROPE

**ROUTEN** Hans Michael Engelke, www.engelke.tv

**PRODUKTION** MoTourMedia, Wuppertal

**LEKTORAT** Text-o-Pix, Wuppertal

**DRUCK UND WEITERVERARBEITUNG** Silber Druck oHG, 34266 Niestetal

Die GPS-Daten gibt es zum kostenlosen Download auf **bikerbetten.de**



ISBN 978-3-937063-87-4

**WWW.BIKERBETTEN.DE**